秩禄処分

明治維新と武家の解体

落合弘樹

講談社学術文庫

まえがき

秩禄《ちつろく》処分は明治期に行われた華族・士族の家禄を廃止する措置で、明治九年（一八七六）八月の金禄公債証書発行条例公布によって達成された。なお、華士族は、公家や神官・郷士などを含んでおり、きわめて多様な身分から構成されている。しかし、人数や石高からみて大部分は大名（藩主）とその家臣団（藩士）だった。したがって、武士の特権を最終的に解体したのが秩禄処分だったといえる。本書では、華族は大名、士族は幕府と藩の家臣団を主体として議論を進めていきたい。

家禄および戊辰《ぼしん》戦争の論功行賞として与えられた賞典禄は、財政支出の三割以上を占めており、殖産興業やインフラ整備など、政府が推進する近代化政策を制約する大きな要因となっていた。したがって、その整理なくして近代国家の建設は不可能であったといえる。通常は学制・徴兵令・地租改正をもって「明治維新の三大改革」と称しているが、秩禄処分もそれに匹敵する改革である。にもかかわらず、研究の蓄積は「三大改革」にくらべるとはるかに薄く、また一般の知名度もけっして高くはない。

このように、秩禄処分の意義があまり強調されないのは、他の改革よりも経過がスムーズだったため事件史的な印象度に欠けることもあるが、「民衆」に関係ないとして戦後歴史学から軽視された点にも原因があるといえよう。

秩禄処分を現在にたとえるならば、公務員をいったん全員解雇して退職金も国債での支給とし、そのうえで必要最小限の人員で公職を再編するというような措置である。当時の労働市場は現在とは比較にならないほど狭く、結果的には再編成された公職に復帰できた三割ほどの者を除くと、官有林野等の払下げや技術指導などの便宜が図られたものの、華士族の大部分は失業状態となった。そして、家禄のかわりに与えられた公債の利子による収入は、かつての大名や上級の家臣などを除けば微々たるものので、売却して現金化しようにも相場の下落できわめて不利な状況だった。いわゆる「士族の没落」は自然の成り行きと思われるが、こうした苦境に彼らはどのように立ち向かっていったのであろうか。

今日、財政構造の改革が急務となるなかで行政機構の簡素化や民営化、公務員の大幅な人員整理が要求されながら、あまり進展しない状況をみても、秩禄処分がいかに困難な措置だったかがわかる。明治維新という「革命」が背景にあるからこそ可能な改革だったといえよう。しかし他国の例でみた場合、旧支配層の特権廃止は既得権を擁護する主張に妨げられて不徹底に終わるか、あるいは多量の流血を招いている。一方、秩禄処分は曲折を経つつも順調に施行され、武士の特権はほぼ無抵抗のまま王政復古から一〇年で完全に解消された。これは世界史的にみて希有なケースといえよう。それにしても、なぜこのようなことができたのか。

昨今、日本では終身雇用・年功序列を前提とする労働形態からの脱却、学歴の相対化、能力主義的な人事が唱えられつつある。その是非はともかく、社会全体が再構築を迫られるという転換期に直面していることは確かだろう。明治維新においては武士に対し、全体の再構築という本来の意味におけるリストラを断行することに成功した。そして、その中軸をなす政策が秩禄処分である。もちろん、過去と現在を単純に対比できるわけではないが、秩禄処分の全体像を知ることは今日の参考となるところがあるのではないだろうか。

- 文中の史料引用は、句読点を付して読み下し、平仮名と新漢字に統一しており、原文を踏襲していない。また、引用文中の〔　〕は筆者が補った部分である。
- 史料の出典と参考文献は、とくに断らない限り巻末に一括した。
- 明治五年（一八七二）一二月までの日付は旧暦による。

目次

秩禄処分

明治維新と武家の解体

第一章　江戸時代の武士

兵農分離と近世武士の成立

秩禄処分の対象となったのは、「まえがき」で述べたように幕府と藩に属する武士身分の者が圧倒的多数を占めている。そこで本章では、前提として江戸時代における俸禄の構造と、武士の性質について簡単にみておきたい。

武士の成り立ちについては、近年活発な議論がなされているが、武芸を職分とした集団で、その多くは領主として存在した。

戦国大名は、家子《いえのこ》郎党や配下となった国人領主など主従的な関係を持つ常備的な家臣団を持っていたが、それとともに、雇われた足軽や農民の兵力で軍団を編成している。つまり、戦国時代は「兵」と「農」が混在した状態にあり、村落は生産とともに奉公人など下級家臣を供給する場にもなっていた。そして、在地領主である土豪・地侍は、農業経営などを行う一方で戦国大名から軍役を賦課され、合戦時には必要な人数を引き連れて弓・鉄砲や長槍を構え、あるいは物資の運搬や陣地の築造などに従事した。戦国大名の抗争が激化すると、軍役賦課の範囲は拡大の一途を遂げ、ときには老若にかかわらず領民の全般にまでおよんだが、戦役の長期化は生産現場での労働力不足や農民の逃散《ちょうさん》を招くなど弊害を生む。

そうしたなかで、織田信長は支配領域を飛躍的に増大させるとともに、対抗勢力とは隔絶した動員力を確保すると、朝倉義景・浅井長政や一向一揆など反対連合を撃破した。そして、領内での軍役賦課の対象を縮小し、一方で浪人や働きのある地侍などを精選して家臣に編入し、岐阜や安土をはじめとする城下に集結させる。また、職人に対しても諸役を免除して集住させている。戦闘のプロフェッショナルと化した家臣たちは、生産に従事しなくても生計を維持しうる知行や俸禄を与えられる一方、それ以外の者は軍役を解いて生産活動に専念させ、耕作の権利を与えて年貢を徴収した。必要な数の兵力と戦闘能力を維持しつつ、石高あたりの動員規模を縮小し、在地領主を武士と百姓に分離するという信長の方式は、豊臣秀吉にも継承されて全国化していく。そして、主人を持つ軍役の負担者は、生産活動との関連が薄く長期の従軍が可能な者へと限定されていった。また、豊臣政権や徳川幕府による大名の所替え（転封）は、家臣団化した在地領主を旧来の土地から切り離すこととなった。

ただし、伊達氏や島津氏などのように、所領の生産力に比して過大な数の家臣団を維持し、江戸時代においても軍役負担者を離農させず、多くの家臣が在地で生産活動に従事したような大名もあった。近世日本の武士は軍役の負担者と年貢の負担者を区分する「兵農分離」を画期として成立したとされるが、その出自や土地支配への関与は多様だった。また、家臣団の末端を村落から供給する状況は絶えたわけではなく、武士と農民の中間的な階層もつねに存在した。

「士農工商」と帯刀の権利

「士農工商」という言葉は、武士を筆頭とする江戸時代の身分的序列と解釈されているが、必ずしも重農賤商的な観念が一般的だったわけではなく、社会における職能と職分を分類した概念であったともいわれる。ただし、支配身分に属する武士は「切捨て御免」など多くの特権を与えられ、農工商より上位に置かれた。彼らは庶民には許されない苗字を名乗るとともに、身分を表示するシンボルとして大小の刀をつねに帯びる。ちなみに、合戦で使用される兵器は弓矢・鉄砲などの飛び道具や槍が主体だった。しかし、刀剣は武士が護身のために肌身はなさず携帯する表道具である。たとえ兵器としては副次的であっても、今日では美術品として扱われるように、良質のものは古くから社寺への奉納や贈答、鑑賞の対象となっており、人々は他の武器にはない思い入れを示していた。

豊臣秀吉による「刀狩」は、中世の農村にあふれていた武器の接収を図る治安対策的な措置とされる。しかし、その後も村役人など苗字帯刀を認められた家でなくても刀剣はいたるところで所持され、旅行や祭礼など特別な際に帯刀を許される機会も珍しくない。脇差や短刀などは、多少の余裕がある家ならどこでもあったといっても過言ではなく、鉄砲も害獣駆除を目的に多くの村が所持していた。太平の世である江戸時代でも、武器は日本のいたるところにあふれていたのである。つまり、「刀狩」は恒常的に帯刀が許される権利をステイタス化させる意味合いが強く、百姓・町人身分を戦闘者から除外し、軍事的義務を武士に独占させる方針を具象化したものといえる。

いずれにせよ、近世日本は戦士を本分とする武士による支配だった。このことは、士大夫《したいふ》や両班《ヤンバン》など文人が統治者となる東アジアの中華文明の世界では異例である。たとえば、朝鮮通信使は本国への報告で武士を読書階級である「士」とせずに「兵」と認識し、日本の身分構成を「兵農工商」と表現している。一方、日本は中華文明の華夷秩序において自らを「武威」の国と位置づけた。それは、「長袖国《ちょうしゅうこく》」である明国への劣等感の裏返しであるとともに、公家や僧侶らによって形成された伝統的な文化権威に対する、豊臣秀吉や徳川家康の挑戦をも意味している。

俸禄のかたち

豊臣秀吉と徳川家康は大名を統合しつつ対抗勢力を制圧し、全国支配を確立した。また、大名は「公儀」という上級権力に従属しつつ、それぞれのシステムで所領となった土地と人民を支配して年貢を徴収したが、軍役の負担や手伝普請、参勤交代などの統制を徳川幕府から受けた。所領の支配権も家臣団で構成された統治機構に立脚して行使されており、大名個人の意のままであったわけではない。

太閤検地以降、所領は米の収穫量である石高で表示されるようになった。石高は、武士にとっては与えられた知行の生産高とともに軍役負担の規模を示すもので、また農民にとっては年貢負担を表す基準となる。なお、大名家臣の知行は、家臣に特定の知行地をあてがう地方知行《じかたちぎよう》と、領地・領民の支配権を藩主の蔵入地《くらいりち》に統合し、かわりに知行に相応する禄米のみを支給する蔵米《くらまい》知行に分かれた。大部分の藩は蔵米知行を採用したが、将軍家の旗本や徳川御三家、国持上級大名の家臣は地方知行であてがわれ、全体の石高ではこちらが上回る。しかし、裁判権の行使など私的な支配が認められたのは、万石以下領主というべき上級旗本や、大きな大名の有力家臣だけで、ほとんどは年貢徴収権に限られた。所領支配を基本とする領主制は江戸時代を通じてなし崩し的に変容したとされるが、実態は地方知行の形骸化↓蔵米知行への移行が直線的に展開されたわけではなく、領主制は多様な形態を示していたといえよう。

知行取の武士が実際に受給するのは、領地の生産量を示す草高《くさだか》の全部ではなく、百姓への年貢率を示した免《めん》にもとづく石高で、その比率は地域ごとに異なるが、たとえば「四ツ免」ならば、知行一〇〇石の武士の実収入（現高）は、石高の四割にあたる現米四〇石となる。はじめから米一〇〇俵などと実収入が表示される切米《きりまい》の制度もあった。また、下級武士には一人分あたり一日五合の計算で米を与える扶持米《ふちまい》が適用され、十人扶持といった具合に支給される。切米取や扶持米取の武士は、所領を有することとなっている知行取より格下に置かれた。さらに中間《ちゅうげん》・小者《こもの》などの軽輩には給金で与えられ、十石二人扶持などと切米と扶持米・給金が併用される場合も多い。俗にいう〝サンピン〟とは三両一人扶持で最下級の家臣を指している。俸禄は収穫後の冬場に渡されるのが普通だが、幕府が旗本・御家人に年三回にわけて支給しているように分割される場合もあった。

武士の「家」と家格

近世武士の多くは、本貫の領地に対する「一所懸命」を心がける鎌倉武士のような所領に密着した形態ではなく、荻生徂徠《おぎゅうそらい》が『政談』で「武家御城下に集まり居るは旅宿なり」と評すように、農村から切り離されて城下に集住する「鉢植え」の姿となり、主家に忠勤を励むかわりに俸禄を受け取るというものへと変容した。ただし、俸禄は今日の給与のように個人に与えられたわけではなく「家」に与えられた（ここでいう「家」は軍事的義務を遂行する目的を負う単位という意味であり、繁栄の場であるファミリーといった概念とは異質である）。つまり、禄は「家」の義務遂行に対する見返りである。

俸禄は、構成員の生活費だけではなく、石高に見合う家来を抱えたり、武具や騎馬、屋敷などを管理する費用も含まれている。そして、男子一人の当主によって代々相続された。当初は家督相続の際に家禄を削減する世減《せげん》制が多くの藩で採用されていたが、時代が下るにしたがって、よほど落ち度のない限り先代の禄高は維持されるようになっていく。ただし、江戸中期から多くの藩は財政難に直面し、藩士から俸禄の一部を借り上げるという形式で借知制を実施しているが、返還されることはないので実態は削減である。これをもって俸禄に対する権利の弱さが示されているとの見解もあるが、笠谷和比古氏はあくまでも「借りる」という形式がとられ、しかも施行は一方的に行われるのではなく、主君の側から「恥辱をも顧みず頼み入る」などと家臣たちに詫びの文言が発せられている点をとらえ、むしろ本来的には保有の権限が強固であり、それは個々の武士における自立性の強さを示しているのではないかと論じている。なお、足軽以下の軽輩に対する俸禄は、武士身分以外からの奉公という建前から一代限りの召抱えとされたが、これも実質的に相続されることが多かった。

武士身分の序列は複雑に構成された。大名の場合は領地の石高・官位・江戸城内での殿席《でんせき》などと多岐にわたる。藩士にも着座の席次や衣装など多様な序列があったが、家格・禄高・役職がほぼ一体の関係をもっていた。家格は文字通り家臣団の中における「家」の格式を示すものであり、一門・家老―中老・番頭《ばんがしら》―物頭―徒士頭《かち》―馬廻《うままわり》・平士―徒士―足軽―中間・小者といった具合に、合戦が日常ではなくなった時代においても戦時の軍事編成がそのまま踏襲され、武士の本分はあくまで戦士であることが如実に示されている。人数的な割合は指揮下に置かれる下級ほどふくらむピラミッド形で、とくに歩兵にあたる徒士以下が多い。士分の中核となるのは、馬一頭に従者二、三人を持つ一〇〇石・馬廻のクラスだった。徒士以下と騎乗を許される士分との間には、ちょうど近代の軍隊における将校と下士官兵卒のように厳格な差別があった。このほか、農村から供給される日雇中間のような臨時雇用の奉公人もいる。また、士分の間でも、豊前中津藩の下級藩士の家に生まれた福沢諭吉が『旧藩情』で語っているように、言葉・礼式・家屋の規模・衣服・縁組・教養・武芸など、家格の上下は日常生活にもはっきりしたかたちで反映されていた。さらに、家臣の家来である陪臣《ばいしん》は「又者《またもの》」などと呼ばれ、主君に直属する藩士より下級に扱われた。そして藩士よりも将軍に御目見《おめみ》えが許される旗本が格高となった。

役職と禄

大名の家臣団はこのように軍事編成を維持したが、平和な時期を迎えるとともに、武功派の重臣にかわって実権を握った藩主側近の能吏たちによって官僚機構が拡充され、奉行・代官・小姓・目付といった役職が整備されていった。ただ、役職のランクに応じた役高はあらかじめ定められ、任用に際してはそれに見合う持高の「家」の当主から選ばれている。先にも述べたように、禄高と家格・役職は一体となっており、したがって役高より持高が低い人物を任用する場合、禄の加増によって家格を引き上げることが不可欠であった。しかし、ひとたび加増された禄はそのまま子孫に相続されるので、いきおい財政的限界が生じる。そのため、家臣団内の身分秩序の安定を図る意図も含めて、人事は能力よりも家格を重視して固定化されていく。ただし、まったく昇進の制度がなければ組織が閉塞し、勤労意欲の減退を招くこととなる。そこで、「役儀昇進、格其儘《そのまま》」などと特例を設けて役職・家格・禄高の不可分な関係を切り離し、あるいは役料などにより「家」全体ではなく特定の個人を在職中に限って優遇するなど各種の手段がとられた。幕府では八代将軍吉宗の改革によって、役高と持高の差額を在職中に限って足高《たしだか》として手当する措置が設けられ、やがて各藩にも適用されていく。

禄は、武士としての奉公に付随する性格のものであった。勤務とひきかえに俸給を受ける点は今日のサラリーマンと似ているようにみえる。しかし、家格制という階級で組織された幕府や藩には年功序列のシステムはなく、奉公が家族や家来を含む「家」単位という点も大きく異なる。なお、主家に対する直接の奉公は「家」の当主に限られ、家督の長子単独相続という原則のもとで次三男以下が奉公しようとすれば、他家の養子になるしかなかった。もっとも、役職は家臣全員に与えられたわけではない。戦国時代の軍事組織を引き継いだ幕藩家臣団は、太平の世にあっては人員過剰で、無役非番の者が日常的に多数存在した。とりわけ家格の高い「家」には無役の者が多い。しかし無役であっても家格が備われば禄はあてがわれる。これは、武士の本分は役職に就くことではなく、あくまでも軍事だったからである。なお、禄は用達商人や社寺などにも与えられているが、武士身分として扱われることはなかった。幕府・藩の役職は武士によって独占され、貢租の負担者である農工商身分の者が兼業することは原則としてありえなかった。逆に軍役の義務を負う武士が農工商の事業を営むことも禁止されている。ただし、実際には微禄の家臣たちは各種の内職に頼って生計を維持していた。また、前述の通り九州や奥羽の外様大名領には、江戸時代でも在村で農耕に従事しつつも武士身分を持つ階層が少なからず存在したが、ここでは例外としてとどめておきたい。

合議と「個」

殺伐たる合戦に明け暮れた戦国期において、武士にとっては道徳的な建前よりも勝ち残ることが何よりも重要で、離反や内応は日常茶飯事であった。また、意に沿わない主君のもとを退散し、別の家に渡り歩くような武将や軍師もいた。しかし、徳川政権のもとで安定社会の時代となり、武功の機会がなくなる一方で家臣団の官僚化が進むにともない、武士は絶対的な忠誠を尽くす隷属的地位に置かれたとイメージされる。城勤めが形式や先例に拘束される重苦しい環境だったのは確かだろう。一方、幕府が天下人たる将軍個人の意向ではなく、老中・若年寄ら幕閣の合議で運営されるようになったのと同様、藩においても家老などによる集団指導の体制がとられた。藩の運営に落ち度があり、幕府から取り潰しの処分を受ければ家臣全体が路頭に迷うことになる。したがって、主君の専横や過誤を諫言《かんげん》するのは、運命共同体ともいうべき「御家《おいえ》」を守る家臣の責務であり、ときには能力を欠く藩主を排斥するため、家臣団の結束によって「押込《おしこめ》」という非常手段がとられる場合もあった。全体的にみれば、藩主や重臣・側近たちの発言力は確かに強かったが、彼らだけが決定権を独占していたわけではない。官僚化によって家臣団に天下国家とのかかわりができると、重要な意思決定は末端にいたるまでの意向を集約する手続きを経たうえで、組織全体の合意を前提に形成されるのが通例となる。右の背景として、村落の共同体に基盤を置いた戦国大名の軍団内部における秩序が、近世大名の家臣団にそのまま踏襲されたとする見方もある。

官僚化した武士の気風は太平の世で華美《かび》惰弱《だじゃく》の風に染まり、勤倹尚武の気質が萎えたなどとされる。お国振りなどにもよるのだろうが、黄表紙や狂歌・川柳の題材になるような風紀の退廃や不品行は、『鸚鵡《おうむ》籠中記《ろうちゅうき》』などが描くように、江戸・大坂・名古屋など大都市に居住する武士の間に蔓延した。文化一三年（一八一六）に記された武陽隠士《ぶよういんし》『世事《せじ》見聞録《けんぶんろく》』（岩波文庫）は「治平久しきに倦《う》み誇りて、世の万民の目当てとする所の武士の気象曲り狂ひて、当時の武士等まづその身の程を弁《わきま》へかね、武備の覚悟なく、公務の用意といふもなし」と憤り、「実正の侍は十人に二、三人ならんか覚束なし。その二、三人も元禄・享保の頃の侍に競《くら》ぶれば、さぞ劣りたるものならんか」と嘆く。ただし、こうした遊民たちの文化的貢献も無視することはできない。そして、贅沢や不品行が武士全体に満ちたわけではないし、腐敗堕落した武士が少なからず存在したとしても、職務の規範まで乱脈化したわけではなく、彼らの私利私欲で完全に政治が左右されたわけではない。抜き打ち的に綱紀の引締めがなされ、不正や不品行を問われた者が切腹や改易など厳しく処断されることもあった。全体からみれば、弛緩したとはいえ戦士としての本分は底流では維持されていた。

前述したように、個々の武士は組織全体の意思決定に何らかのかたちでかかわるべき存在であり、ただ機械的に精勤したり、口先だけで死に物狂いの覚悟を示せばよいというわけではない。いざという時に御用に立つべき力量と、私心を去って正義を貫く人格を備えるように心掛けるべきとされた。そもそも、武士の地位は身分的存在だけでは正当化されず、「職分」を遂行しなければならなかった。武士の「職分」とは、山鹿素行《やまがそこう》の言葉を借りれば「主人を得て奉公の忠を尽し、朋輩に交《まじわっ》て信を厚くし、身の独りを慎《つつしん》で義を専《もっぱら》とする」ことであるが、主人への献身と天下国家への忠節を果たすということになる。そして、「職分」を果たすことのできない者は「天の賊民」のそしりを免れず、素行は「速に三民にいりて、或は耕してくらい、或は工して世をわたり、或は商買して身を過《すごし》て然るべし」（『山鹿語類』）と、農工商に帰するべきだとする。近世武士は主君および三民に対しての義務と切り離すことのできない職業身分となっていたのである。

笠谷和比古氏は、自立した「個」の完成を求めるのが武士道であるとする。そして、江戸時代の武士はタテ型の統合秩序で組織され、彼らの主体性・能動性によって幕府・藩は強固な結束力と危機への対応能力を発揮したとしている。組織全体に対する責任に上下はなく、重要なときに何ら意見のない武士は無能のそしりを受けた。明治に入って、士族出身の福沢諭吉や内村鑑三らが説いた「独立自尊」の精神も、右のような武士が目指すべき自立した「個」と無縁ではない。武士道は乱世から治世に移るに従い、戦場での心得を説きつつ柔弱な気風への傾斜を戒めるものから、儒教的観念を基礎に為政者として踏むべき道へと変貌していく。「卑怯未練《ひきょうみれん》」と侮られることは戦時・平時の別なく武士にとって最大の恥辱で、一命を棄てても名誉を回復しなければならなかった。赤穂浪士の吉良邸討ち入りも、主君の無念への復讐というより武士の「一分」を守るためであったといえる。

支配の危機と人材登庸

幕藩体制の安定化とともに行政機構の拡充整備が図られるが、とりわけ問題となったのは、一七世紀後半から悪化しだした財政危機である。原因は、年貢など貢租からの歳入が開発や生産力の頭打ちで横ばいになる一方、貨幣経済の発展にともなう生活水準の向上などにより、歳出が絶えず増加していったことによる。石高制の構造的欠陥が露呈されたといえよう。

これに対処するため、米沢藩主上杉鷹山《うえすぎようざん》や熊本藩主細川重賢《ほそかわしげかた》といった「名君」たちが主導した改革は、『礼記《らいき》』にいう「入るを量りて出《いず》るを為す」という言葉通り、もっぱら貯蓄・倹約を旨とし、藩主が率先して生活水準を抑制したり、半知・借上・上《あげ》米《まい》などの手段で家臣の俸禄を削減して歳出を極力抑える一方、年貢増徴や地子銀・運上金など商工業者への課税強化、特産品の専売などによって歳入増を図るというものであった。しかし、右の増収策は家臣・領民の負担を重くするもので、必然的に彼らの抵抗をともなった。藩主としても、代々仕えてきた家臣を路頭に迷わせることは情義において忍びがたく、増税や官業の肥大化で農民・商工業者を他領に走らせたのでは逆効果となる。

先に述べたように、戦乱が絶えて安定期を迎えた江戸中期以降の武士は儒学を教養の基本とし、戦士である「侍」としての本分とあわせて、中国古典的な意味での「士」として「修身斉家治国平天下」の道を心がけ、支配階層たる自らの位置を「仁政」の実践者として正当化していた。そうした建前から、「武威」による支配を基本としつつも、実際にはある程度の自制が働く。「斬り捨て御免」の特権も存在したが、根拠のない無礼討ちは厳罰の対象となった。そもそも幕藩体制は平和の維持と秩序の安定の上に成り立っており、大名が為政者としての責務を果たせない場合、彼らは領民の糾弾にさらされるばかりか、幕府から取り潰しを含む厳重な処罰をこうむることとなる。一方、収奪に対抗する百姓一揆は頻発したが、多くは抑圧に堪えかねた自然発生的な暴動ではなく、用意周到に計画された運動であり、「御殿様」や「御公儀様」が果たすべき「仁政」を彼らから引き出すといった性格が強い。一揆に対する取締りは指導者を死罪に処するなど苛酷だった。しかし、近世初期における土豪の蜂起や幕末維新期の「世直し」などの際にみられたように、反抗と鎮圧の双方が相手の殺傷を意識して飛び道具を使用するような暴力的事態は、幕藩体制の安定していた時期においてはきわめて異例である。鉄砲などの使用は、「仁政」を本旨とする領主にとって、支配の限界を示すものにほかならなかった。

結局のところ、幕府・諸藩とも生産力の増加や商品経済の発達による成果を、自らの増収に結びつけることができなかった。財政危機は深刻化の一途をたどり、石高制のなかで収入が実質的に目減りした武士は困窮の度を深めていく。そして、老中松平定信による札差棄捐令《ふださしきえん》や鹿児島藩の調所広郷《ずしょひろさと》による二五〇年賦無利息返済にみるように、いわば「借金踏み倒し」が最終的な解決策となった。

右のような財政危機に加え、飢饉や天災に遭遇した被災民の救恤《きゅうじゅつ》、さらに商業資本と農村の利害対立の調整など、従来の支配機構や身分秩序を維持したままでは対応しきれない局面が次第に増大していった。そうしたなかで、財政部門に関しては幕府・諸藩とも盛んに人材登庸が行われていく。家臣団では中下士が多数だったうえに、権威や慣例に束縛される上士よりも彼らのほうが身動きがとりやすく、また実務に通じた者も多かった。もともと近世の武士による官僚制は、実績による能力主義と筋目による属性主義が巧妙なバランスをとっていた。たとえば幕府の勘定奉行支配では、幕末段階までは学問的教養よりも実務能力が人事の基準となっている。また、よく知られるように農商出身者が養子縁組や株の売買で武士身分を獲得し、あるいは能力を認められて支配機構に役職を与えられることもあった。藩によっては百姓身分から召し抱えられた者の「家」が、数世代を経て正式な士分に上昇する例もみられる。

このような、武士と庶民の間にある身分的中間層は近世初頭から存在し、領民との協調が支配の安定や財源確保に欠かせないなかで、領主の支配機構を補完してきた。彼らの存在は一八世紀から顕著となり、そこから新たな社会観が形成されたことが注目されている。しかし、新たに武士身分に上昇した者にあてがわれたポストは、ほとんどの場合は財政部門か代官など百姓支配に限られた。また、人材登庸で抜擢された中下級の家臣が藩主側近として手腕を振るった場合でも、門閥や保守派との対立は避けられず、藩主の庇護を失った途端に「専横」「失政」などを口実に弾劾され、悲惨な末路を遂げた改革者もまれではない。

対外的危機と「武」の時代

一九世紀に入ると、西洋列強の東アジア進出にともなって対外的危機が強調されるようになる。ただし、実際には一九世紀を通じて列強による具体的な日本侵攻計画は存在しなかった。したがって、軍事的劣勢の強調はアジアへの野望を正当化するためのものとの見方もある。たしかに林子平《はやししへい》や佐藤信淵《さとうのぶひろ》などによって積極的なアジア拡張論が唱えられているが、主観と客観は必ずしも一致せず、右のような視点は結果論にすぎない。軍事専門家は危機に直面した際、最悪の事態をあらかじめ想定したうえで、それに最も合理的に対処できる手段を構築していくが、戦闘を本分とする武士も例外ではなかった。文化三年（一八〇六）から翌年にかけてのロシア船による樺太《からふと》・択捉島《えとろふ》・利尻島《りしり》への攻撃と、同五年のイギリス艦フェートン号による長崎港内でのオランダ船襲撃は、為政者に防衛戦略の不備を痛感させる契機となった。文政七年（一八二四）の水戸藩領大津浜へのイギリス人上陸で衝撃を受けた会沢正志斎《あいざわせいしさい》は、翌年に『新論』を著して「国体」の観念を説き、外敵に対する人心の糾合と国内改革の必要性を強調しているが、「他者」への意識は武士たちに国家と民族を自己認識させていくこととなる。

このように、対外的危機は武士に戦士としての本分を覚醒させる。征夷大将軍以下、本分に対応できないことは、武士の立場を失う危機にもつながりかねないからである。この結果、武芸と激論をもっぱら好む風潮が顕著となり、試合剣術が各地で隆盛をみていく。それまで武芸修練は上士が主体となり、剣術も「型」に力点を置く求道的な色彩が強かったが、実戦を念頭に置いた合理的なものへと変貌していく。武士身分を象徴する刀剣に目を転じてみれば、武家の窮乏が顕在化した一八世紀中期の元文から宝暦頃にかけては、刀工が野鍛冶に転じるなど衰微をみていたが、寛政の頃から需要が急増し、刀剣史にいう新々刀《しんしんとう》の時代を迎える。そうしたなかで、山形藩士川部儀八郎(水心子正秀《すいしんしまさひで》)による『刀剣武用論』は、見ばえの華美風流や技巧の緻密を競う美術偏重の風潮を排し、「折れず曲がらず切れる」という日本刀の実用性を強調する立場から、鍛法の復古を説いた。天保期に入ると刀姿は一段と精悍さを増し、荘司直胤《しょうじなおたね》や左行秀《さのゆきひで》、固山宗次《こやまむねつぐ》、山浦清麿《やまうらきよまろ》など名匠を生んでいく。

こうした「剣術流行」は、道場の隆盛にみるように武士身分の外にもおよんだ。武家社会が経済的困難で萎縮するのと反対に、身分間の障壁が流動化しつつあるなかで、気力ある農商の間からは武士を対等にとらえようとする士分志向が強まっていく。もともと兵農分離以前の先祖は侍だったという農家や商家は珍しくなく、また「苗字帯刀」というステイタスの獲得は、地域社会を掌握する権威づけに不可欠であった。なお、侍株の買収など財力によって武士の地位を得ることも可能だったが、金で買える地位の多くは軽輩だった。あくまで士分志向を満足させようとするならば、武士にふさわしい学問を十分に身につけることが必須となる。そして、武士にとって学問と武芸は切り離せない関係を持っていた。したがって、武芸の習得は自らが武士の資質を十分に持つことを確認する手段でもある。先にみた刀剣需要の増加は、士分志向を抱いた農商によっても支えられていたと思われる。そのような庶民の士分志向はまた、たるんだ武士身分の者に本分を覚醒させる効果をもたらしていった。

家格主義と能力重視

アヘン戦争（一八三九―四二）では西洋の強大な軍事力が示され、東アジアの国際秩序の頂点たる「中華」を自負する清国の屈辱的敗北に終わった。戦争の様子は、鎖国下の日本国内にも正確なかたちで広範に伝わっている。中華帝国を中核とする朝貢体制のもとで安定してきた東アジアの国際秩序は、不平等条約と自由貿易による西洋列強の露骨な挑戦を受けることとなった。

元寇の「神風」にみるように、日本にとって海洋は長らく外敵に対する防壁となってきた。しかし、造船技術の向上は地政学的利点を逆転させる。アヘン戦争を契機に海防論が盛んとなるが、嘉永六年（一八五三）のペリー艦隊来航で危機はにわかに現実的となり、「癸丑《きちゆう》以来」という言葉を幕末の人々に残すように、二〇〇年の平和のもとで安定していた国内の各システムに改変を促す契機となる。ただし、変革の担い手が武士だったことは、読書階級である士大夫や両班に主導された清国や朝鮮よりも迅速な対応をもたらした。武士出身の思想家は現実主義の立場から、中華文明の世界観にこだわらずに西洋の軍事力と科学技術を直視する。そして、ひいては軍事を本分とすべき武士のありかたも大きく問い直されていくこととなる。また、挙国一致の海防体制は、諸藩の軍事力を抑制しつつ幕府の圧倒的有利を維持するという構造を崩していった。さらに、導入されるべき西洋式の軍制を実用化させるためには、身分を度外視してでも軍事の新たな専門家を確保することが不可欠となった。

戦国以来の幕府や大名の陣立ては、「家」単位の集団を「組」や「備え」に積み上げるという複雑な体系をなしており、さらに人足や草履取など武士とはいえない非戦闘員を高い割合で抱える構造となっていた。そして、こうした姿が凍結されたまま個々の「家」で世代を重ねていったのである。伝統的な軍学も平和に慣れたことによって形式化し、戦国の戦訓も歪曲・誇張されて現実味を失っている。荻生徂徠はすでに一世紀前に「当今有様は家筋にて昔より定めたる組分を子孫相続するゆへ、武芸も一致せず強弱も揃はず、其の頭も家筋ばかりにて軍法も知らず、士卒をも操練せざれば、何の用にも立つべき様更になきは不吟味の至りならずや」(『鈐録《けんろく》』)と、家筋に頼った軍制の欠陥を指摘していた。洋学による西洋軍制の知識も文字に頼ったもので畳の上の水練といった感があったが、ペリー艦隊の来航で実見されたのは、全員が銃器を持っているということだった。対抗策として構想されたのは、園田英弘氏が「武士の単身化」と表現するように、戦力を「家」単位ではなく個人単位とすることだった。しかし、そのためには従来の身分に拘束された組織の再編が避けられない。園田氏は武士の「武職」への回帰、さらに武士の「単身化」という流れが「身分」と「職」の均衡を崩し、「職」の遂行能力がより重視されるとともに「身分」が解体していくと説明している。そして、やや先走っていえば、右のような変化の行き着く先が、義務から切り離されて支給の根拠を失った家禄を廃止するという秩禄処分になる。

もちろん既存の軍制が急激に解体されたわけではなく、改革を行った藩でも部屋住み・次三男といった余剰人員や、郷士、農商などで編成した新式軍隊を、旧式ながら由緒ある番方の外郭に置くような形態が一般的だった。家中での貴賤を問わず一隊がそろって銃を持たされることに、騎乗に誇りを持つ士分が抵抗感を持つケースもある。しかし、銃砲が最も有効な兵器であることは常識となっており、鹿児島藩のように「士分一統総筒《そうづつ》の制」を伝統とする藩もあった。よく言われるように鉄砲は「捨てられた」わけではなく、平時においては「仕舞い込まれた」のである。長槍を抜き身で持ち歩くことが許されなかったのと同じことである。新式軍隊への消極性は、家格に関わりなく画一的に命令系統に並べられることへの抵抗感が強かったためというべきであろう。最終段階まで、全体的には「家格中心」と「能力主義」のバランスは前者が有利のまま推移した。このように、「家」単位の世禄と身分秩序で構成された家格が保たれる一方、新式軍隊や外交など新設部局においては、一代限りの奉公や職給のみの付与など制約はあるものの、能力を認められた人物が高い地位に登庸されていく。

家格主義という規制が緩和された結果、競争が促進されたことで、下級の武士にチャンスがめぐってきたことは間違いない。ただし、下級武士出身の者が藩政に影響力を発揮できた場合でも、少なくとも重臣の一部を抱き込むことは不可欠で、家格中心の枠組み自体が崩壊することはなかった。西郷隆盛や大久保利通《としみち》の背後には小松帯刀《たてわき》という若手の家老がおり、久坂玄瑞《くさかげんずい》ら長州藩の攘夷派も周布政之助《すふまさのすけ》という後ろ楯を持っていた。高杉晋作や板垣退助などは上士の出である。つまり、武士身分内での上下間の抗争は決して激しくはなかったのである。安定した既存の秩序を急速に破壊することが必ずしも新しい秩序の創設につながるわけではない。藩主のリーダーシップや適切な調停者が欠落したり、幕府など外部からの圧力がかかった場合、水戸藩など幕末におけるいくつかの藩での内訌《ないこう》にみられるように、粛清や報復をともなうなどリスクも大きい。つまり、家格中心の秩序と能力主義の利害を調整しつつ、組織をあげて全体の改革を着実に進捗させることが、結果的には早い段階で混乱なく目標を達成することにつながった。

しかし、全般的な危機や矛盾がはっきりした場合、たとえば幕府が大政奉還直前という最終段階において、軍役にもとづく人数差し出しの方式を改め、知行からの軍資金上納による軍隊再編に着手することを計画し、「家」単位の奉公から個人単位の職務遂行への移行という方向を明確に打ち出したように、急進改革への流れは一気に加速していく。

戦争の変化

西洋では産業革命による工業技術の進歩が兵器の発達を促し、戦争や軍隊のありかたを大きく変えていった。一方、二〇〇年来の平和を謳歌した日本では、銃器は依然として火縄銃だったが、この間にヨーロッパでは燧石《ひうちいし》式発火装置が開発されている。ただ、操作性はともかく有効射程距離はあいかわらず二〇〇メートルにも満たず、性能に格段の向上がみられたわけではない。しかし一九世紀に入って雷管や金属製薬莢・施条銃身・椎の実形弾丸が開発されると加速度的に軍用銃の改良が進み、一八六〇年代には元込式施条銃、一般にいうライフル銃が普及する。これにより命中精度や射程、貫徹力は飛躍的に高まった。その結果、アメリカ南北戦争にみるように戦士の花形だった騎兵の地位が転落し、隊形も密集から散開へと変化するとともに、最小戦闘単位の縮小をもたらしていく。

日本においても、実戦による衝撃が洋式装備導入の大きな契機となる。とりわけ鹿児島藩と長州藩は、薩英戦争や四国連合艦隊の下関襲撃を経験してから新式銃の大量買いつけを行っている。それまでの武芸修練や洋式調練は、結局のところ近代戦には必ずしもうまく機能しなかった。しかし、ハードが構築されれば新しいソフトへの組み換えは意外に容易であった。たとえば、長州藩は元治元年（一八六四）の禁門の変に際しては甲冑・陣羽織の姿に刀槍を携え、同じような装備の鹿児島・会津などの藩兵に敗れたが、上海で太平天国の軍と交戦中のイギリス軍を視察した高杉晋作により、家筋中心ではなく農商を含む「有志の者」で組織された奇兵隊が編成され、さらに大村益次郎の指導下で急速な軍事改革を断行している。そして、二年後の第二次征長戦争においては、鹿児島藩を通じて購入した前装施条式ミニエー銃を大量配備し、遠距離から火力を集中させて刀槍主体となる白兵戦に持ち込ませず、また高度な散兵戦術を実施し、幕府軍主力である彦根・高田藩兵を芸州口で撃退した。この戦いによって、新旧軍制の能力的格差は如実に示されることとなる。

ただし、戦争の勝敗を分けるのは武器の優劣や人材の有無だけではない。指揮・統率の能力、兵站や情報など後方の充実、戦闘員の団結と戦意、世論の操作、さらに経済力や工業力などをも含めた総合力である。そうしたものを構築できる力量を持った藩は薩長など少数だった。一方、敗北の屈辱を味わった幕府は、慶応三年（一八六七）一月にフランスから軍事教官を招いて歩兵・騎兵・砲兵の三兵訓練を実施する。戊辰戦争では大鳥圭介《おおとりけいすけ》らが指揮した旧幕府の新式軍が急ごしらえながら奮闘しているが、勝利は局地的なものであった。なお、榎本武揚《たけあき》の率いる海軍は戦力が抜きんでていた。徳川旧臣の保護を求めるという政略的意図もあって、奥羽越列藩同盟の崩壊寸前まで江戸湾を離れなかったが、結局は蝦夷地に根拠地を移して箱館五稜郭《ごりょうかく》に逼塞し、政府軍にゆっくりと制圧されている。戦略的には効果のない抵抗だったが、土方歳三をはじめ新政府に承服できない人物に武士としての死に場所を与えるとともに、戦いを通じて旧幕府に結集した人材の値打ちを新政府に売り込む効果はあったといえよう。周知の通り、捕虜となった榎本や大鳥ら旧幕陸海軍の幹部の多くは、釈放後に明治政府に登庸された。

「公論」の尊重

ペリー艦隊の浦賀来航に直面した幕府は、対応策を従来のように幕閣のみで決定せず、老中阿部正弘の決断で広範な人々から忌憚のない意見を求めた。このことは、幕府の能力的限界を示すとともに、自由に国政を論じて幕府を批判する風潮をもたらしたとされ、旧幕臣の福地源一郎による『幕府衰亡論』は、徳川幕府崩壊の遠因をここに求めている。しかし、「黒船」に対する幕府の対処は、俗に言われるような周章狼狽したものではなく、むしろ周到な手だてがなされていたことが加藤祐三氏によって明らかにされている。また尾藤正英氏は、幕府が広い範囲に諮問を行ったのは、それまでの秘密主義を脱却して挙国一致の体制を固めるべきとする世論に対処し、公論衆議を尊重した措置だったと論じる。そして、私的利害よりも組織の公的利害を優先し、私心を捨てて全体に尽くすという武士的な価値意識が国家的危機によって発現されたとしている。

「公論衆議」・「公議輿論《よろん》」といった言葉は、幕末から明治にかけて政局の主導権をめぐる抗争のキーワードとなる。「公論」は幕閣政治から挙国一致への政治変革を求めたが、それを途絶する者は「私曲」をたくましくする者として攻撃対象になっていく。秩序の安定を重視する立場から、幕閣を中心とする既存の政治システムを堅持した大老井伊直弼《いいなおすけ》が、万延元年（一八六〇）三月に桜田門外で倒されると、公権力としての幕府の統制力は急激に凋落し、朝廷や雄藩など諸勢力との競合状態がもたらされた。しかし、欧米の軍事的脅威や不平等条約に対処していくためには大胆な国内改革を通じて閉塞状況を打破し、富国強兵を行う以外にないという点では、それほど大きな認識の隔たりはない。こうした「天下の大勢」のなかで、「公論」を集約しつつ統合の核として天皇を据え、権力の集中した国家機構を構築しようとする運動が起こる。

しかし、変革期における世論はつねに過激な論調のほうを好む。また「公論」をたてに改革を唱えて主導権を確保すべく政局に躍り込むならば、自らが従来の政治体制から得ている便益を放擲し、徹底した改革能力があることを提示しなければならなくなる。かつて、儒官の佐藤一斎は「人倫は殊《こと》に社稷より重し。社稷はすつべし。人倫はすつべからず」(『言志録』)と述べた。万民安穏のためには、ときには武士が最大の価値を置くべき「御家」=藩すらも捨てなければならないということである。こうした観念は、吉田松陰の「草莽崛起《そうもうくっき》、豈《あ》に他人の力を仮《か》らん哉《や》。恐れながら天朝も幕府・吾藩もいらぬ、只《ただ》六尺の微軀《びく》が入用」(「野村和作宛書簡」安政六年四月頃)という決意に行き着く。さらに幕末志士は、明確な気概に裏付けられた独立不羈の心、他人を動かしうる「至誠」の態度、「正気」を体現しようとする一本気な行動力を発揮しようと努めた。そのエネルギーは、私事へのこだわりや旧慣の変更に臆する「因循《いんじゅん》姑息《こそく》」を圧倒し、天下国家のためには自らの藩を捨ててもかまわないという決意を導く。ときには文久年間に京都の街で荒れ狂った「天誅《てんちゅう》」のような暴走もみられた。秩序の安定を敵視し、破壊と混乱の彼方に新秩序を見いだそうという行動様式は、変革期においてはかえって魅力的である。ただ、いずれの運動も藩など権力を持つ組織や軍事力に裏打ちされない限り、文久三年（一八六三）の八月一八日政変で真木和泉《まきいずみ》など尊攘激派が政局の中枢から一気に排除され、大和での天誅組の挙兵が孤立無援となったように生命力は短かった。

このような難局にあたっては、ひたすら情勢の推移を傍観するのが保身のためには有効だが、そうした態度は武士らしくなく、とうてい影響力などもてない。一方、時流の先端に立った者の多くは悲運・短命に見舞われた。明治維新は、フランス革命やアメリカ南北戦争などと比較すれば、変革の規模と比較して犠牲者の数が少ないと言われる。しかし幕末維新の約三〇年間に登場し、歴史に太く短い痕跡をとどめて消えていった人物たちの血の重みも否定できない。坂本龍馬や高杉晋作をはじめ悲運・短命の人々への人気は今日も高いが、明治の各界における指導者の多くは、こうした先輩朋友の遺産を心に負っていた。

改革を率先して実践しなければ政局に生き残れないという力学は、現状でも何とかなるとの甘い期待感や、総論は賛成であっても自分はなるべく改革の犠牲になりたくないという利己的態度をくつがえしていく。その帰結として幕府や摂政関白といった公武の伝統的制度は王政復古とともに廃絶され、次章以下にみるように廃藩置県、そして武士身分の解体を迎えることとなる。

第二章　維新期の禄制改革

「封建」から「郡県」へ

慶応四年（一八六八）一月三日における鳥羽伏見の戦いに端を発した戦争は、大坂城から遁走した徳川慶喜《よしのぶ》が江戸を開城して恭順した後も、新政府軍と奥羽越列藩同盟の間で続けられた。また、旧幕府軍は箱館五稜郭を根拠地として翌年五月まで抗戦を続けたが、実質的には九月二二日の会津藩降伏によって内乱状態は終息する。

戦争は急進的な変革を促進するエネルギーとなった。新政府は、王政復古直後の段階では総裁・議定《ぎじょう》・参与といった新政府の要職を、親王や公卿、諸侯（大名）が多く抑え、大久保利通や西郷隆盛ら討幕派に対して山内豊信《とよしげ》（容堂《ようどう》）ら公議政体派が巻き返しをみせていたが、戦争を通じて大久保利通・木戸孝允《たかよし》・大隈重信といった藩士出身層が実質的な指導力の基盤を固めていく。諸藩でも軍事指揮を行った人物の発言力が増大して既存の身分秩序が動揺し、銃後に座した重臣の地位に圧迫を加えた。たとえば鹿児島藩では、川村純義《すみよし》や野津鎮雄《のづしずお》ら隊長クラスの強硬な運動により、島津図書《ずしょ》や伊地知貞馨《いじちさだか》、奈良原繁《ならはらしげる》といった保守派幹部の更迭に成功している。ただし、正規の藩兵以外から徴集された部隊は凱旋と同時に藩の余剰人員となったが、こうした兵力が最前線に立たされて戦功をあげた例も多く、正式な家臣への編入を強く望む者もおり、その処遇が藩にとって頭の痛い問題となっていく。さらに武器購入や前線への補給、新政府への軍資献納など膨大な出費により、もともと財政の逼迫に苦しんでいた諸藩は深刻な危機に直面していった。

ところで、徳川幕府は中央権力であるとともに、最大の大名としての性格をも兼ねており、全国大名を前提とした存在であった。これに対し、幕府にかわって全国諸藩を統轄する存在となった朝廷は、「王土王民」を基本原則として集権的な統治をめざしている。そして、薩長ほか各藩から抜擢された人材で形成された維新官僚は、しだいに藩士としての出身藩の利害から脱却し、「朝臣」＝天皇の臣下として旧体制の克服と新政府の強化に努めるようになった。慶応四年閏四月二一日に公布された政体書は、中央政府に議政官・行政官・刑法官など七官を置いて一応は三権分立の体裁をとるとともに、地方行政を府・藩・県に分けた。府と県は旧幕府や「朝敵」諸藩から没収した政府直轄地であり、知事などは中央から派遣された。以前から朝廷に属してきた公家とともに、帰順した旧幕臣も政府が直接管轄することとなる。一方、藩は旧来の大名による支配がそのまま維持されていた。政府が掌握した石高は全国三〇〇〇万石のうち八〇〇万石にすぎない。そこで維新政権の官僚たちは、独立的な支配権が分立する「封建」の状態を、政令が政府中央のもとに帰一した「郡県」に移行させることを最大の課題とした。

弱肉強食の国際環境に対応して強力な国家を形成するためには、何よりも統治機構の一元化が不可欠であった。幕末の政局は藩力のぶつかり合いを中心に展開され、幕府のコントロールを脱した雄藩の割拠は徳川政権を解体させる起爆剤となったが、ひるがえって抵抗の基盤にもなりうる要素を持っており、集権化を推進する政府にとって「尾大《びだい》の弊《へい》」（臣下の権力が君主の動きを拘束すること）となりつつあった。しかしながら、新政府は中央権力といっても徳川幕府のように強大な軍事力をともなっていたわけではなく、カリスマ的存在であるべき天皇もいまだ「幼沖《ようちゅう》」であり、運営にあたる人材も薩長をはじめとする諸藩や旧幕臣からの寄せ集めだった。こうしたなかで、政府は府・藩・県の三治を一致させて同質化することを第一義とし、段階的に藩政に介入して諸侯の権限を解体することを図っていく。

まず、明治元年（一八六八）一〇月二八日には藩治職制が布告され、「天下地方、府・藩・県之三治に帰し、三治一致にして御国体相立つべし」として、各藩に家老以下の重職の役職名を執政・参政に統一するよう指令した。その人選は藩主にゆだねられたが、従来の慣例や門閥にかかわらず人材登庸することが要望され、より下級の職制も府県に準拠して簡素にすることや、家知事（家令）を置いて藩主の家政を藩政から分離すること、議事の制度を積極的に設けることなどが求められた。政府の意図は、門閥にかかわらず人材を登庸し、従来の職制や身分制の枠組みを崩し、より改革が進みやすい方向に各藩を導くことにあった。

版籍奉還

元来、全国の支配権を天皇のもとに帰一させることは王政復古の根本であり、岩倉具《とも》視《み》は幕末の段階で、「天下を合同するは、政令一に帰するに在り。政令一に帰するは、朝廷を以て国政根軸の府を為すに在り」と述べていた。また、後の外務卿である鹿児島藩士寺島宗則《てらしまむねのり》は、徳川慶喜の大政奉還をうけ、慶応三年（一八六七）一一月二日に「畢竟《ひっきょう》政権武門に移候様に成来候《なりきたり》は、封建之故に御座候に付、総て封建之諸侯を廃され候はば、真に王道相立候義と存じ奉り候」との建言を行い、諸侯（大名）が領地と人民の支配権を朝廷に返上し、自ら「庶人」となってその後の選任を期すことによって初めて「公明正大なる勤王の分」が成り立つとした。しかしながら、彼もこれがすぐに実現可能な方策と考えたわけではなく、さしあたり領地の何分の一かを朝廷に返上させ、京都や要地を防備する経費に当てるべきだとした。王政復古を経た翌年二月一一日、鹿児島藩は参与大久保利通の意見にもとづき、封土一〇万石の献上を政府に出願している。

一方、長州藩も第二次征長戦争で奪取した小倉や浜田などの占領地の返上を願い出ており、同藩出身の参与木戸孝允は副総裁三条実美《さねとみ》と岩倉具視に「七百年来の積弊を一変し、三百諸侯をして挙て其土地人民を還納せしむべし」と、藩主が所有する土地・人民を朝廷に返上するという版籍奉還の構想を示した。九月一八日に大久保と木戸は薩長の主導によって版籍奉還を進めることで合意する。一一月には、当時兵庫県知事だった伊藤博文が、全国諸藩に版籍奉還を実施させることを建白したが、「藩士は強壮なる者は選て朝廷の兵となし、吏才ある者は吏と為し、其余は悉く土着に帰し、老若自《おのずか》ら給する能《あた》はざる者は是を養育するの法を立つべし」と、藩士の整理にまで踏み込んだ議論を行っている。

木戸は高知藩の後藤象二郎《しょうじろう》とも版籍奉還について協議した。明治二年（一八六九）一月一四日には京都で大久保と長州藩の広沢真臣《さねおみ》、高知藩の板垣退助が会見し、奉還実施の方針で合意に達する。さらに佐賀藩に対しても、木戸が前藩主の鍋島直正《なべしまなおまさ》（閑《かん》叟《そう》）にかけあって提携に加え、一月二〇日に薩長土肥の四藩主から版籍奉還の上表が提出された。そこには「皇統一系、万世無窮、普天率土《ふてんそっと》其有に非ざるはなく、其臣に非ざるはなし」と王土王民が強調されているが、事後の処置については「願くは朝廷其宜《よろしき》に処し、其与ふ可《べ》きは之を与へ、其奪ふ可きはこれを奪ひ、凡《およそ》列藩の封土、更に宜しく詔命を下し、これを改め定むべし」と微妙な言い回しを用いている。これは、木戸がのちに「用術施策」だったと回顧するように、領主権を一気に回収されるのではないかと動揺しかねない諸藩への巧妙な処置だった。なかには米沢藩のように版籍奉還を当然の措置と受け止め、積極的に対応する藩もあったが、多くの藩は将軍の代がわりごとに本領安堵の判物が与えられたのと同様の手続きだと解釈した。その結果、諸藩は四藩に後れをとるなと、続々と奉還の上表を提出することとなる。

六月一七日、版籍奉還が「政令帰一の思召」をもって認められ、いまだに奉還を願い出ていない藩にも上表の提出が督促された。藩主はそのまま旧領の知藩事となったが、地位は非世襲である。土地・人民の私有権は明確に否定され、法制的には府県の知事と同様、政府から任命された一介の地方長官にすぎなくなった。実際には知藩事の世襲を政府が却下したケースはないが、廃藩置県直前の明治四年（一八七一）七月二日に、福岡藩知事の黒田長知が藩の紙幣贋造を問われて免官となり、後任に有栖川《ありすがわの》宮織仁親王《みやたるひと》が任命されている。なお、地方知行の家臣が持っていた支配権も藩庁に回収された。

諸務変革の指令

明治二年（一八六九）七月八日布告の職員令《しきいんりよう》で、知藩事は行財政と刑罰に関しては府県知事とほぼ同一の職権が与えられた。また、藩庁幹部の執政・参政も府県と共通の大参事・権《ごんの》大参事・少参事に職名が改められ、任免に政府の許可を要する奏任官に位置づけられる。しかし、旧家臣団と藩兵を支配する点で、知藩事の役割は府県知事と大きく異なった。また、旧藩主と旧家臣団の君臣関係は制度的には否定される。しかし、旧藩主は士族卒の団結の核であり、従来の秩序が急速に崩壊することはなかった。旧家臣団の解体は国家目標である「府藩県三治一致」→廃藩置県に直結するが、大和の十津川《とつがわ》郷士などで編成された政府の直轄軍が藩の軍事力に対抗できる能力を持たない段階では、一気に断行することは不可能だった。そこで、制度的には領主制を廃止したものの、内実は旧藩主の統治権と君臣関係が実質的には維持されるという中途半端な体裁がとられる。しかし、それでも政府側にとっては藩の統治に介入することが格段に容易となり、必要な人材を各藩から容易に引き抜くこともできるようになった。

六月二五日、諸藩に対して統一的な規格に藩政を準拠させるため、一一項目からなる諸務変革の指令が各知藩事宛に出された。内容は次のとおりである。

①従来の支配地の総生産高と現米総高を取調べ、申告すること。
②管内の諸産物と諸税を取調べ、申告すること。
③公廨《こうかい》（藩庁）一ヵ年の費用を取調べ、申告すること。
④藩庁の職制と職員を報告し、幹部の人選は政府の伺を経ること。
⑤藩士兵卒の員数を取調べ、申告すること。
⑥社寺領ほか、これまで禄や扶持米などを与えていた人員と禄高を調査し、申告すること。
⑦現石十分の一を以て知藩事の家禄とする。
⑧支配地の総絵図を提出すること。
⑨支配地の人口と戸数を取調べて申告すること。
⑩一門以下平士に至るまで、すべて士族と称すべきこと。
⑪家令・家扶・家従以下、知藩事（旧藩主）に仕える人員を知らせること。

そして、右の調査項目や改革の進捗状況は一〇月までに政府に報告することが命じられている。全体として、藩の石高を実収入である現石高に統一し、財政の歳入出や家臣・領民の人口などを調査させ、政府が全国規模でそれらを把握できるようにしているが、あわせて旧家臣団のありかたにも具体的な改革を求めている。

前章でみたように、江戸時代の大名家臣団は家格を基礎に編成されていたが、⑩はそれらを「士族」に等質化することによって、家格の優劣をはっきりと拒否している。士族という呼称はここで初めて設けられたが、従来の武士と異なる性格を付与したといえよう。ただし、多くの藩ではその後も士族の上に「上中下」や「一等二等」といった字句を付して旧来の士分と徒士に分界を設けるなど、格式の温存が図られている。なお、この項目には但書として「家禄、御定の振合に基き、給禄適宜改革致すべく候」とある。これが全国の諸藩に向けて行われた最初の禄制改革命令となるが、具体的には⑦のように知事が支配地の現石の一割をもって家禄としたのにならい、士族の家禄も「適宜」削減するように指示した。藩の自主性をある程度認めるかわりに、自らの努力によって家禄を圧縮するように求めたかたちになる。

ところで、いずれの藩でも藩主が歳入のすべてを掌中にしていたわけではなかった。したがって、知事の経費として藩財政の一割が公認されたことは、旧藩主にとって大変に有利に働いた。一方、藩士にとって家禄は実収のすべてであり、それを知事と同様の「御定の振合」にもとづいて削減されれば大幅な収入減となるので、意味合いは大きく異なる。主従が等しく「朝臣」となり、家臣団の平準化が図られても、藩主と藩士が別格であることは変わりなく、このことは後年における華族と士族の境遇にそのまま反映された。

版籍奉還によって家禄は形式的には朝廷から与えられるものとなったので、たとえば福井藩知事松平茂昭《もちあき》は、給禄は朝廷からさらに下賜されるだろうが、それまで一同とも返上の覚悟でいるようにとの告諭を士族に行っている。知藩事は地方長官として政府の政策を遂行しつつ、旧主君として代々臣従してきた士族に対応するという、複雑な立場で禄制改革にあたっていくこととなる。

賞典禄の付与

ところで版籍奉還に先立つ六月二日、戊辰戦争の功労者に賞典禄を与えることが政府から発表された。総額は米七四万五七五〇石と金二〇万三三七六両で、表1にみるように、島津久光《ひさみつ》・忠義《ただよし》（鹿児島）と毛利敬親《たかちか》・元徳《もとのり》（山口）の薩長藩主父子への一〇万石を筆頭として、手柄を立てた諸侯に下付された。鹿児島・佐賀・広島・徳山・上田・水戸・富山の七藩を除く三六藩では、賞典禄を功績に応じて藩士と領民に分与

表1　賞典禄一覧

戊辰戦功（永世禄10,000石以上）	明治2年6月2日
石 高	人　名（藩）
100,000	島津久光・忠義（鹿児島）毛利敬親・元徳（山口）
40,000	山内豊信・豊範（高知）
30,000	池田慶徳（鳥取）戸田氏共（大垣）大村純熙（大村） 島津忠寛（佐土原）真田幸民（松代）
20,000	佐竹義尭（秋田）藤堂高猷（津）井伊直憲（彦根） 池田章政（岡山）鍋島直大（佐賀）毛利元敏（豊浦）
15,000	前田慶寧（金沢）戸沢正実（新庄）徳川慶勝・義宜（名古屋） 浅野長勲（広島）大関増勤（黒羽）
10,000	松平慶永・茂昭（福井）六郷政鑑（本庄）榊原政敬（高田） 津軽承昭（弘前）戸田忠恕・忠友（宇都宮）黒田長知（福岡） 有馬頼咸（久留米）秋元礼朝（館林）

復古功臣賞典（1,000石以上．＊は終身禄）	明治2年9月26日
石 高	人　名（出身）
5,000	三条実美（公家）岩倉具視（公家）＊山内豊信（高知）
1,800	木戸孝允（山口）大久保利通（鹿児島）広沢真臣（山口）
1,500	中山忠能（公家）中御門経之（公家）＊伊達宗城（宇和島）
1,000	正親町三条実愛（公家）大原重徳（公家）東久世通禧（公家） 小松清廉（鹿児島）後藤象二郎（高知）岩下方平（鹿児島）

『明治史要　附録表』による

したり、戦死者の祭祀料にあてている。また、鹿児島藩は半額を用いて藩主忠義の父である久光が新家を起こしている。そのほか、西郷隆盛の二〇〇〇石を筆頭に仁和寺《にんなじの》宮嘉彰《みやよしあき》親王・大村益次郎に一五〇〇石、有栖川宮熾仁親王に一二〇〇石など、新政府軍を指揮した個人には政府から直接に与えられた。九月一四日には榎本武揚らの旧幕府軍を破った箱館戦争の戦功賞典が発表され、松前修広《ながひろ》（館《たて》〈旧松前藩〉）に永世禄二万石、毛利元徳（山口）に三年限り二万五〇〇〇石など、功労のあった藩や将士・軍艦乗組員などに、米一二万七二〇〇石と金一万九三九〇両が支給されることとなる。

ただし、禄米は三年限りが八万五五〇〇石となっていた。さらに、同月二六日には王政復古に尽力した者への復古賞典禄を設けるとの詔書が発せられ、三条実美と岩倉具視に永世禄五〇〇〇石、山内豊信に終身禄五〇〇〇石、木戸孝允・大久保利通に永世禄一八〇〇石など、あわせて永世禄二万八〇〇〇石、終身禄七〇五〇石、金一五〇〇〇両が与えられることとなる。賞典禄の下賜は、明治元年一〇月に奥羽諸藩から削りあげた一〇〇万石をあてることで決定をみていた。総額は永世禄八〇万九〇七〇石、終身禄七〇五〇石、年限禄八万五五〇〇石で合計九〇万一六二〇石、これに賜金や扶持米を加えれば大体は計画通りである（深谷博治『新訂・華士族秩禄処分の研究』）。

諸藩に削減を前提とした禄制改革を指示する一方で、貧弱な政府財政を割いて新たな禄を設定することに対しては内部から異論もあった。たとえば木戸孝允は明治元年一一月に、戦傷によって身体に障害を負った者や、戦没者の遺族たちの救済は行うべきだが、戦功者一般に賞典を付与することには反対であると建白している。ただ、尊攘派の志士や草莽は一部を除いて政権から排除され、さらに政府が幕府の外交政策を引き継いで開国和親の方針を表明したことを憤っていた。明治二年一月には横井小楠《よこいしょうなん》が「天主教を海内に蔓延せしめんとす」との言いがかりを受けて十津川郷士らに暗殺されたように、倒幕の有力な原動力となった草莽は「脱籍浮浪の徒」と化して厄介な存在となっていた。このため、治安上の目的からも功労者を論功行賞によって慰撫することが必要とされたのである。ただ、「土地を以て功を賞するは国家の長計に非ず」とする大久保利通や、「今や封建を廃して郡県の制に復せんとするの秋《とき》に方《あた》り、功を賞するに土地を以てするは極めて不可なり」とする木戸孝允の意見に従い、領地ではなく禄米で与えることに決着した。

旧幕臣の解体

諸藩の禄制改革をみる前に、政府が掌握している府県での状況をみていきたい。府県が管轄した士族の大半は旧幕臣である。七〇〇万石を有した将軍家の家臣団は俗に

〝旗本八万騎〟といわれたが、慶応四年（一八六八）四月現在の「万石以下惣人数」によれば、六位相当の格式を持つ布衣《ほい》が八七二人、その他の御目見以上が五九七二人、御目見以下が二万六〇〇〇人で、計三万二〇〇〇人あまりの旗本・御家人が存在した（『静岡県史』通史5）。さらに、彼らの子弟や家来が軍事力に含まれる。

このうち、旗本で新政府に帰順を表明した者は、慶応四年五月二七日の達で「朝臣」に編入され、中大夫・下大夫・上士の身分を与えられる。このうち中大夫は高《こう》家《け》・交代寄合（参勤交代する一万石以下領主）だった者で、下大夫は一〇〇〇石以上、上士は一〇〇〇石以下一〇〇石までの旗本である。彼らのうち、五月一五日における彰義隊の上野戦争以前に帰順した知行取は本領安堵された。ただし、早期に帰順した者の多くは、新政府の支配下に置かれた西国の領地の確保を図ったか、室町時代における守護大名の末裔や近世大名の分家筋など、徳川家臣というより独立した領主としての性格が強く「勤王」に転じやすい立場にあった。なお、高直しで一万石以上と認められた交代寄合は、徳川御三家の付家老とともに諸侯に編入され、新たに藩を立てることが認められる。もっとも、本領安堵の実態とは貢租徴収権の安堵であり、行政や司法など所領支配の権利は府県に吸収され、旧来のように村役人の人事を仕切ったり高札を建てたりすることは禁止された。一方、帰順が上野戦争以後となった知行取は所領の支配権を剝奪されて、次に述べる蔵米取に編入されている。

　幕臣の大半は、幕府から直接に給禄を受けた蔵米取だったが、旧将軍家を継いだ徳川家達《いえさと》に随従して駿河に移住し、無禄覚悟で静岡藩家臣団として再編されるか、朝臣化して新政府の扶助を受けるか、そうでなければ武士を捨てて帰農商するかという三つの選択肢に迫られた。周知の通り、旧幕臣には榎本武揚や大鳥圭介らとともに江戸から脱走し、北関東や会津、箱館五稜郭で抗戦を続けた者もいるが、彼らは新政府はもちろん徳川家からも離れたとみなされ、当然ながらここに含まれない。また、旗本たちの拝領屋敷は私有地ではないとして新政府に接収される。なお、幕府は御用商人や諸道・諸芸の家元などにも扶持を与えていたが、すべて停止された。

　以上、旧幕臣は①早期帰順により本領安堵された中大夫・下大夫・上士、②朝臣化して政府の扶助を受けた者、③静岡藩士、④帰農商に区分できる。そして、順次行われた彼らに対する禄制処分は、いずれも苛酷な内容であった。

　まず①の本領安堵は明治二年一二月二日の布告によって所領はすべて府県に回収され、禄高も削減して現米支給に切り替えられた。新たな禄制は上損下益の削減率を適用し、元高三〇石以上に対して最大で一割にまで縮小した草高を設定し、その二割五分を現石とする計算で家禄が支給されることとなる（表2）。ただし、この数値は後述するように諸藩が禄制改革を行う際の目安となっているので、必ずしも旧幕臣のみが苛酷に扱われたわけではない。なお、同時に中大夫以下の称は廃止されて士族に一本化された。

②以下は江戸に残った旧幕臣であるが、元幕府御系図御用出役頭取で知行高一三〇〇石の旗本だった三嶋政養《みしままさきよ》の日記によれば、慶応四年五月二四日に七〇万石での静岡への移封という徳川家処分が発表されたのにともない、六月一一日に徳川家から旗本たちに「多人数の家臣団を扶助できなくなった。六月分以降の俸禄を停止するので、

表２　中下大夫上士の禄制改革
（明治２年12月２日）

元高		新禄
草高	実収	現米高
9,000石	3,150石	250石
8,000	2,800	225
7,000	2,450	200
6,000	2,100	175
5,000	1,750	150
4,000	1,400	135
3,000	1,050	120
2,000	700	105
1,500	525	90
1,000	350	75
800	280	65
600	210	55
400	140	45
300	105	35
200	70	28
150	52.5	22
100	35	16
80	28	13
60	21	11
40	14	9
30	10.5	8

『明治前期財政経済史料集成』第八巻より
元高の実収は旧幕府の３割５分の免による

表3　帰順旧幕臣への禄米支給
(慶応4年8月22日鎮将府達)

元高		新禄高	
草高	左の現米高(免3.5割)	俵	左の現米高
1万石以下5千石迄	3,500石以下1,750石迄	1,000俵	350石
5千石以下3千石迄	1,750石以下　750石迄	500	175
3千石以下1千石迄	750石以下　350石迄	300	105
1千石以下5百石迄	350石以下　175石迄	200	70
5百石以下3百石迄	175石以下　75石迄	150	52.5
3百石以下2百石迄	75石以下　70石迄	100	35
2百石以下1百石迄	70石以下　35石迄	50	17.5
1百石以下　40石迄	35石以下　14石迄	40	14
40石以下	14石以下	先前の通	14石以下

早期帰順（本領安堵）と有功者は適用外
千田稔『維新政権の秩禄処分』による

それぞれ身の振り方をよく考えておくように」という趣旨の通達が出され、七月二六日には「朝臣・御暇《おいとま》・無録〔禄〕御供三ヶ条之内、決心心腹」を尋ねる書面が届いたという。右のうち②の朝臣化して政府に扶持を願い出た者に対しては、慶応四年八月二二日の鎮将府達で、本領安堵を許された早期帰順者や有功者を除き、旧禄一万石未満四〇石以上の知行を一〇〇〇俵―四〇俵の範囲に削減した禄制が適用されることとなる。幕府の蔵米は三ツ五分物成で、一俵を三斗五升としたので、一石＝一俵となる（表3）。元高一〇〇〇石（現米三五〇石）は新禄高が三〇〇石（一〇五石）であり、三割に抑制されている。そして、①で述べた二年一二月の禄制改革はこの数値が元高《もとだか》に設定されたので、彼らは二重に削禄を受けた。旧来の知行一〇〇〇石は明治元年（一八六八）一二月に三〇〇石となり、さらに明治二年一二月の禄制で現石二八石が家禄となった。実収は二年前の大政奉還の時点にくらべてわずか八パーセントである。

③の静岡藩士は、明治元年九月―一一月にかけての「無禄移住」により構成された。移住者には、藩全体で七〇万石という石高のもとで、五〇〇〇人程度に五人扶持以下の家禄を与える方針が示される。一〇〇俵以上の者は移住の経費も自弁とされたが、総計四〇一四人が移住して勤番組に編成され、一二月下旬に元高三〇〇〇石以上に五人扶持、一〇〇〇石以上に四人扶持、五〇〇石以上に三人扶持、一〇〇石以上に二人半扶持、二〇俵以上に二人扶持、二〇俵以下に一人半扶持という、最低の生活を維持する程度の禄制が定められた。しかし、その後も帰農商に失敗した者の復籍移住が続出し、一方では支配地の掌握や藩財政の確定が完了したので、二年一一月に禄制改革で五人扶持を十人扶持（現米一八石）に、一人半扶持は四人扶持（七・二石）にといった具合で二―三倍の増額が行われる。そして、後からの復籍者には三人扶持が与えられた。廃藩時点での静岡藩士族は一万三七六四人を数えている。

④の帰農商は、武士身分を捨てたことになるので家禄は与えられない。知行取は元の領地に移住して旧領民の援助を受ける場合も多かったが、江戸を離れたくない者や

蔵米取の多くは帰商した。前出の三嶋政養の日記によれば、江戸が東京と変わった直後の八月頃から旧幕臣がいろいろな商売を始めだし、屋敷の長屋を店に改造する者まで現れたという。明治期の小説家で高二三〇俵の根来《ねごろ》組与力の家に生まれた塚原渋柿園《つかはらじゅうしえん》の回顧によれば、帰商した武士は雑多な商売を営んだが、最も多かったのは汁粉屋・団子屋・炭薪屋・古道具屋で、古道具屋の多くは自らの家財を二束三文で売っていたという。しかしながら、いずれの商売も惨憺たる有様で、よく持ったものでも一年を経ることはまれで、ことごとく破綻した（柴田宵曲『幕末の武家』）。

三嶋政養の場合、所領に住む儒者から朝臣となって本領安堵を図るように強く勧告されたが、「義を以て此事は承諾致し難し」と拒絶した。帰順が遅れた三嶋は所領を失うが、閏四月に東山道先鋒総督府軍によってゆえなく斬首された元勘定奉行の小栗上野介忠順《ただまさ》は彼の遠縁にあたる。「三河以来」の由緒を持つ三嶋は新政府に頭を下げて食い扶持をもらうことを潔しとせず、また静岡への無禄移住も主家の足手まといになるだけと覚悟し、旧領の上総国相川村（千葉県市原市相川）に土着することとした。ただ、江戸からの脱走兵に対する詮議が激しくなり、九月には土着願と引換えに苗字を脱して百姓人別に加えられる。ついこの間まで直参旗本の地位を誇った彼としては非常なる屈辱であった。身の回りは、あいかわらず殿様を慕う旧領民たちがよく尽くしたが、彼としては「農業三昧の地なれど、今更学ぶとも、其業労苦に絶へず。よしや勉強して鋤鍬をとるとも、漸《ようやく》細畑を立るまでなり」と帰農に困難を覚え、「木《ぼく》石《せき》に等しく空しく星霜を経んも口惜し」との思いも強く、一一月に東京に戻って帰商する決心を固め、菓子屋を買い取る。村の者たちは、東京に出稼に行った者も数人いたが長続きした例は一つもなかったとして、何度も思い止まるように説得していたが、はたして経営は不振を極め、旧知行地へ金策に走ったり、家宝の太刀を含む伝来の道具を売り払った末、ようやく借財を整理して決済できた。こうして彼の帰商は失敗に終わる。

明治三年に三嶋は静岡藩に「帰藩」を願い出て許され、浜松で家禄八人扶持（現米一四石四斗）を与えられた。政養の旧知行高一三〇〇石からの実収は、三割五分の免で換算すれば四五五石となるが、いまやその三・一六パーセントである。それでも、非役の復籍者はわずか三人扶持であり、彼は静岡藩全体の中ではまだ恵まれているといえよう。前出の塚原渋柿園は、帰商に失敗して乞食となったり、餓死した静岡移住者が存在したことを記している。

ところで、旗本たちが召し抱えていた家来に関しては、中下大夫以下の家来には最大五年分で、奉公の代数や忠勤に応じて扶助金が支給されている。しかし、皇族や華族となった宮堂上の家士などと異なって士族卒には編入されなかった。幕臣の家来は東京・京都の両府あわせておよそ二万人といわれる。対策の一部として、商人からの拠出金で小金原《こがねはら》（千葉県松戸市）や童仙房《どうせんぼう》（京都府南山城村）の開墾なども行われたが、定住できた者はまれだった。

旧幕臣の家禄は、中村哲氏の計算によると全体で維新前の五分の一以下にまで圧縮されている。ただ、旧幕府は新政府にとっても有力な人材供給源であり、採用された者は少なくない。彼らは必ずしも厚遇されたわけではなく、「二君に仕えず」とするかつての同輩から白眼視されたが、各種の制度の立案など国家形成の骨組みを構築するうえで、旧幕府出身の吏僚たちの貢献度は非常に高かった。

公家の禄制改革

幕臣が王政復古の〝負け組〟であるのに対し、〝勝ち組〟というべきは、武家政権に数百年来抑えつけられてきた公家たちであった。彼らは政権が朝廷に帰したので、その近臣である自分たちには多少の増禄もあるだろうと期待に胸をふくらませた。しかしながら、政府の財政基盤は非常に貧弱で、賞典禄の対象となるような功績がある者を除けば大盤振る舞いをする余裕はなかった。また、王政復古は幕府とともに摂政・関白を廃止するなど朝廷制度の再編をも意図しており、新たに「朝臣」と位置づけられた藩士たちが厳しい家禄の削減を受けている時点で、ひとり公家のみを優遇することは「官武一途」という趣意にも反するとされた。

公家に対する禄制改革は、明治三年（一八七〇）一二月一〇日に布告される。まず、近衛家ほか昇殿を許された堂上（一四八戸）に対しては、分賜米・救助金・方料米・臨時被下《くだされ》を合算し、その高を四ッ物成として元高を計上したうえで、二割五分を現石で支給することとした。ややこしいが、たとえば受給総高四〇〇石の公家は元高を一〇〇〇石とし、その二割五分の現米二五〇石が新たな家禄となる。表2（五九頁）に見るように明治二年一二月の旧幕臣に対する政府禄制では、現米二五〇石と計算されたのは維新前に知行九〇〇〇石（実収三一五〇石）を有した旗本で、それに比べれば堂上ははるかに優遇されているが、収入は以前の六二パーセントにとどまり、やはり彼らにとっては大幅な削禄となった。また、堂上家の家士に対する処分は、三代相恩の者は京都府など地方官貫属の士族に編入して一二石の家禄を与え、二代以下は手当金を与えて平民に復籍させている。さらに堂上以下の地下《じげ》官人《かんじん》と呼ばれる下級公家も士族卒に編入されているが、元の非蔵人《くろうど》・北面《ほくめん》・執次・使番を除く諸官人の大部分は家禄が二〇石未満に抑制された。

なお、明治二年七月八日の官制改革で従来の百官が廃止されたため、多くの公家は失職状態となった。また、職員令によって官員に位階が定められ、既存の官位は効力を失う。そして、「官武一途、上下協同之思召」により、堂上の公家は大名と一緒に「華族」に統合され、論理上は天皇との距離で両者は対等となった。政局の中枢も岩倉具視や三条実美を除いて藩士出身者に独占されるなど、公家はあらゆる方面で武家に圧倒され、王朝時代の再来を夢見た彼らの比重は急激に低下する。公家の家禄削減はそうした状況に追い打ちをかけるようなものだったので政府側も彼らの反発を想定し、「朝廷に近侍してきた立場だからこそ模範を示すべきで、ここで公家のみを優遇すれば後醍醐天皇の政権が短期に崩壊したのと同様の事態を招く」などと懇諭しているが、公家たちの失望感は強かった。『中御門家文書』にある明治三年一二月の風聞書によれば、減禄を察知した公家の中には、「家禄の削減が仰《おお》せ渡されたならば京都を退去し、近頃人望を集めている静岡藩のもとに引っ越しをして、ともかく生計の手段をたてようではないか」などと申し合わせる者もいたという。新政府が冷たいので、旧幕府の連中に何とか食わせてもらおうという魂胆である。

そうしたなかで、元堂上の愛宕通旭《おたぎみちてる》と外山光輔《とやまみつすけ》は、政権から排除されて不満を鬱積させている久留米藩首脳や秋田・熊本・柳川《やながわ》など全国の尊攘派と提携していたが、明治四年三月に陰謀を図ったとして捕縛され、一二月に自刃を命じられている。これは華族が処刑された唯一の例であるが、尊攘派による陰謀や農民一揆の煽動は後を絶たず、さらに四年一月には参議広沢真臣が何者かに暗殺されたこともあって、政府は徹底した鎮圧を決意しており、手加減はしなかった。全国に漂泊する尊攘激派ともども、公家社会の政府に対する表立った反抗はこの事件で圧殺される。

「藩制」の布告

つづいて藩における禄制改革をみていきたい。諸藩が抱える巨大な債務は、当然ながら歳出の削減を避けられないものとしたが、君臣関係が根強く残るなかで大胆な人員整理を行うことは困難だった。山口藩のように常備兵再編の過程で奇兵隊など歴戦の諸隊を切り捨てたため、隊士二〇〇〇名が武装したまま脱走して決起し、藩庁を包囲するという脱隊騒動を招いた例もあるが、大多数の藩は家禄の総額を抑制することを試みていく。今日でいえば、賃金の大幅カットによって雇用の確保を図ったといえよう。多くの藩では改革を実施するにあたり、知事から士卒に対して「禄制改革は朝廷の御沙汰による知事の大任で、あくまで実行しなければならないが、難渋する者も出ることだろう。このことは、私情においては誠に忍びがたく、気の毒に堪えない。

しかしながら時勢をよく認識し、朝旨を貫徹するべく同心協力していこうではないか」といった声明が出されている。禄制改革は身内に犠牲を求める措置で、やりにくい政策だったといえよう。しかし藩政を主導する士族の間には、広い視点に立ってそれを当然とする考え方も存在していた。

たとえば、福山藩（知事阿部正桓《あべまさたけ》）大参事の岡田吉顕《よしあき》は「藩治本論」という建白書を参議広沢真臣に提出している。そのなかで彼はまず、政治とは民のために行うもので支配層が私するものではなく、「人をして人たる所以を尽さしめ、人を人にする者なり」と論じた。そのうえで、府藩県の施政が進まないのは為政者がその基本を自覚していないためであるとし、「人を人にする」具体的な方策として四民平等の実現を唱え、以下のような意見を述べている。

「そもそも士は三民を保護・教化する存在であり、農工商の三民は士を養う代わりに各自の業に安ずるものであるが、これは四つの分業を示すに過ぎず、一様に民である。しかし、日本では中世以降に四民の間に区界が築かれて貴賤の差別が生まれ、各業が世襲化されるようになると、士は遊堕放逸にして虚勢を張り、一方で三民は卑屈になってしまった。政治の根本である〝人を人にする〟ことを実現するためには、人々が自由自主天理当然の権を失わないようにすべきで、それには貴賤の平均が必要となる。貴賤を平均すれば三民は自由自主の域に達するだろうが、まず士族の虚威放逸を制する必要がある。その手段としては、第一に家禄を廃止すべきである。なぜなら、世襲化した家禄は士族を堕落させ、人材を広く天下から採ることを妨げ、士族が無用の金を浪費することで三民は無用の労力を使っている。人を人にするのはそうした制度を廃することから始まる。たしかに、いきなり禄制を廃止すれば士族は活路を失って社会に各種の弊害が及ぶだろうし、士族の禄は祖先の百戦の功労によって得たものであるとの反論は当然ながら生じるだろう。しかし、今日の士族は現実に将兵として任務を果たしているわけではなく、ただ世禄のみを受給している。任にたえられない者がいたら能力のある者と交代させ、無駄となった禄も返上させるのが本筋であり、たとえ家禄を全廃できなくても削減するのは当然である」

岡田はこのように論じたうえで、「今日の士は明日の民、明日の士は今日の民」という状態にいたってこそ、人々は自由自主に安んじ、人たる所以を尽くすことができるだろうとした（『広島県史』近代現代資料編Ⅰ）。ちなみに、福山藩は明治二年一〇月の禄制改革で家禄の支給対象となる人員を三割削減し、支給額を総額で二三パーセント減額させているが、やはり「世禄を廃する」までにはおよんでいない。

「諸務変革」の成果は明治二年一〇月までに報告されることとなっていたが、政府直轄の軍隊が藩兵より弱い状況では強制力を欠き、多くの藩では旧慣が踏襲されて「三治一致」には程遠い状態だった。しかし、この年は記録的な凶作であり、大部分の藩は財政がさらに逼迫する。吉井藩（吉井信謹《のぶのり》）と狭山藩（北条氏恭《うじゆき》）はいずれも一万石の小藩だが、再建不能と判断して自ら廃藩を申請し、二年一二月にそれぞれ岩鼻県（群馬県）と堺県（大阪府）に併合されている。

そうしたなかで、より一段進んだ藩統制を実現させるため、政府は「藩制」の制定に着手する。原案は明治三年（一八七〇）五月二日に参議大久保利通と副島種臣《そえじまたねおみ》が検討を加えたうえ、二八日に府藩県の代表が議事する場である集議院に下問された。「藩制」の眼目は藩財政の使途を政府が一律に規制することにある。また、直轄府県からの増収が一揆の激発や地方官の反発などに直面して困難を極め、合併していた大蔵省と民部省を七月に分離せざるをえない状況のなか、大隈重信ら大蔵官僚たちは藩の歳入から政府の経費を徴収しようともくろんでいたが、木戸孝允の判断でとりあえず軍資金のみにとどめた。海陸軍費は藩歳入から知事家禄一割を引いた残りの五分の一、つまり全体の一八パーセントとし、その半額九パーセントを海軍資金として政府に上納することが提示される。これに対し、集議院では「海陸軍費五分一は甚《はなはだ》たえがたし」などと不満を唱える藩代表が多かった。著名な漢学者で、後に演劇改良運動を行うことで知られる佐倉藩（堀田正倫《ほったまさとも》）大参事の依田学海《よだがっかい》は、常陸・下総の諸藩の議員たちと協議し、「五分一の半高を上るべきを、尚またその半高を上りて藩力の復旧をまつべし」と、海軍資金上納を歳入の四パーセントにしてほしいという意見書を起草した（『学海日録』三）。もともと慶応四年（一八六八）閏四月に定められた陸軍編制により、政府は各藩に対して一万石あたり三〇〇両の軍資金を上納させていたが、藩財政の九パーセントという海軍資金はそれよりも大幅な増額となり、小藩にはとても堪えられない負担増だった。また、雄藩の間からも藩軍事力の規模まで全面的に統制されることへの政治的反発が生じ、王政復古や版籍奉還を主導した鹿児島・山口・高知藩の代表まで異論を唱えた。鹿児島藩大参事の伊地知正治《いじちまさはる》などは三年七月に帰国して集議院の会議をボイコットする。さらに、九月には東京警備の鹿児島藩常備兵が国許に引き上げられている。

しかしながら、熊本・佐賀をはじめ二一の藩は原案に賛成した。集議院の討議は七月九日に終わり、諸藩の意向を受け入れるかたちで海陸軍資を五分の一から一〇分の一に引き下げたほか若干の調整を加え、明治三年九月一〇日に「藩制」は公布された。概略をまとめると次のようになる。

①石高は草高を用いず現米高とする。

②藩庁の職制を知事―大参事―権大参事―少参事―権少参事―大属―権大属―少属―権少属―史生に統一する。
③藩高の一〇パーセントを知事家禄とし、九パーセントを海陸軍費にあてる（半額にあたる四・五パーセントは海軍費として政府に上納）。そして、残る八一パーセントで藩庁の経費や士族卒の家禄をまかなうこと。
④官禄は各藩が適宜に設定してよい。
⑤功績による禄の加増、罪科による禄の剝奪、さらに一切の死刑は政府の裁可を経ること。
⑥士族・卒のほかに等級を設けてはならない。
⑦藩庁がかかえた負債（藩債）の支消年限について見通しを立て、知事・士卒家禄と藩庁経費を削減して償却するように。
⑧藩札を引換える方法を立てること。
内容をみると、①により禄制は知行・切米・扶持などの区別を廃止して現石に統一された。②は藩庁の機構を合理化するもので、③は財政の使途を規制している。⑤は賞罰の権限に政府が介入する措置で、⑥は身分の画一化を再度徹底したものである。⑦と⑧は藩債や藩札の整理を命じている。いずれの藩も維新前から慢性的な財政難

で、商人からの借入や藩札の発行に依存しながら藩を運営してきた。その結果、全国二七四藩の七七パーセントにあたる二一〇藩は藩債が毎年の歳入を超過しており、五六藩は歳入の三倍の負債を抱えていた。文字通り破産状態といえよう。こうしたなかで、幕末維新期には貨幣の贋造が多くの藩で公然と行われ、外交問題にすらなっていた。しかし、「藩制」によって藩債や藩札に依存する藩財政は根本的改善を余儀なくされる。くわえて、③にみるように各藩は海軍資金を供出しなければならなくなる。これらにより、行政機構の縮小による藩庁経費の節減とともに、家禄の大幅縮減が避けられなくなった。そのため、多くの藩は前年の「諸務変革」に沿った家禄削減にくわえ、再度の削禄を迫られる。

家禄削減の手段

諸藩の禄制改革は、禄高が高くなるほど削減率を拡大させる上損下益が基本となっていたが、大部分の藩は元家老などの家禄を旧禄の一割前後にまで圧縮する一方、末端である一〇石以下クラスの家禄は維持されている。どの階層まで一割に削減されたのかは藩の規模や内情によって異なるが、明治二年（一八六九）一二月の旧幕臣に対する政府禄制が一つの標準となっている。千田稔『維新政権の秩禄処分』における整理に従って区分すると、次のようになる。

a　上士は旧禄の二―三割、現石一〇〇石程度で旧禄の七割程度が与えられるなど上中士の削減率が府県禄制よりも低いが、一〇石以下への増禄はみられない（佐賀、徳島など）。

b　上士の削減率は標準並かそれ以上だが、現石五〇石以下程度の中下士の削禄が標準より緩やか（佐倉、岡山、鳥取、弘前）。一〇石以下の下士卒に対する増禄もみられる（秋田、広島、熊本、津、松江）。

c　上士の家禄を旧禄の一割とする一方、八石以下は維持するという、ほぼ標準に則したもの（彦根、和歌山、山口）。

d　上士・中士の削減率が標準よりも高いもの（静岡、仙台など旧「朝敵」藩）。帰農法を実施した藩や小藩では士族の家禄を均一にした例もある（母里《もり》〈出雲〉、苗木《なえぎ》〈美濃〉）。

このうち、aは比較的余力のある雄藩で、bは下士層の影響力が強まった藩、cは政府の方針に忠実に従ったものである。dにいたっては、家禄というよりも扶助米で、士族卒の員数をなるべく維持するかわりに、給禄をぎりぎりに生活可能な水準まで切り詰めたものといえよう。

全体的には、旧藩主の家禄が藩歳入の一割とされたことに準じて、かつての一門・家老など上士は定禄の一割かそれ以上まで家禄を削減されたが、下士や卒は旧来の受取高が維持された場合が多い。前述したように、もとの一割といっても旧藩主と藩士では意味あいが大きく異なっており、上士は軍役に見合った家来を抱える義務がなくなったとはいえ大幅な収入減となった。ただし、それでも上記のdのような例を別とすれば、下士の数倍以上の家禄を有している。

なお、「藩制」には前述のように「官禄、藩々の適宜に任すべき事」との項目があり、藩庁の官員と常備兵には家禄とは別に官禄が支給された。岸和田藩（岡部長職《おかべながもと》）は「藩の役儀を相勤め候ものは、とりもなほさず朝廷の役人なり」と士族に告諭しているが、官禄はこうした「朝廷の役人」だけに与えられるものだった。給付は当然ながら在職中に限られるが、大幅な削禄をうけた旧重臣が藩庁の要職にとどまり、官禄によって削減分を回復したケースもある。しかし、明治三年二月に兵部省が布達した常備編隊規則によって諸藩の正式な兵力は一万石あたり一小隊＝六〇名に限られたうえ、「藩制」は藩庁の役職や部局を簡素化するように求めていたので、改革によって無職化した士族卒は多かった。したがって、削禄の対象外となった微禄の下士が藩庁に役職を得て官禄を与えられ、かつての上役で非役になっている者よりも収入が上回った例もある。さらに、〝勤王藩〟では家禄・官禄・賞典禄と三種類の禄を所持する者も現れた。家禄は出自、賞典禄が功績にもとづくが、官禄を能力給化することによって、能力主義の浸透が図られたケースはかなり多かったと思われる。

ただし、ここまで述べてきたのは各藩の制度上の禄高であり、それが実際に額面通り支給されたとは限らない。たとえば広島藩（浅野《あさの》長勲《ながこと》）は明治三年三月に天明の大飢饉以来という凶作と藩債の激増に直面したため、藩民撫育を目的に藩士禄米の一部をカットし、米券を交付して急場をしのいでいる。また古河《こが》藩（土井《どい》利與《としとも》）では、明治二年一二月に士族に対して草高三〇〇〇石—八〇石までの禄を、現石二四〇石—二〇石に縮小する改革を行い、さらに三年一二月に現石六〇石から一九石の範囲に再削減している。それでも、同藩は多額の藩債を処理できなかったうえに渡良瀬《わたらせ》川の洪水で甚大な被害を受け、政府への軍資金を滞納するほど財政が窮乏していた。同藩の会計小属であった落合重正の手記によると、明治四年一月から七月の廃藩置県にいたるまで、家禄の多寡にかかわらず戸別の人数に応じた扶持を配給する「面口《めんこう》」という措置で急場を凌いだというが、士族の窮乏は政府に届け出された正式な禄制で示されたもの以上だったことになる。明治二年から三年にかけては多くの地域が飢饉に遭遇し、収税を強行した地域では大規模な一揆が発生しているが、こうした制度外の方法による士族卒への給与は他藩でもとられたと思われる。

以上の禄制改革は家禄削減に主眼を置くものだった。しかし、一部の藩ではさらに一段進め、帰農法と禄券法という方法で家禄と身分制を解消する試みもなされていく。

帰農法

帰農法は、字義どおり旧家臣団を帰農させて農民にするという手段である。藩士も元をただせば多くは戦国以前の農民であり、役割を失った武士が農民に復帰するのは自然だとする考え方は古くからあった。ただし、江戸期の武士は兵農分離によって土地支配から切断され、幕藩権力の機構に積み上げられた領有権を所有権に転化させることはできなかった。したがって士族の帰農地は農民から買い上げるか、城郭や廃寺などの空き地や原野の開墾に頼るしかなかった。

たとえば弘前藩（津軽承昭《つがるつぐあきら》）は、富農の所持する田畑のうち一〇町を差し引いた分を「余田」とし、藩に献納させるか強制的に安く売却させ、そうして集まった二八〇九町を二五一三名の士族に配分した。士族は貢租を負担することになったものの、地主作徳米《さくとくまい》を取得し、しかも家禄はそのまま支給されることとなった。郡県制への移行と禄制廃止は遅かれ早かれ不可避との見通しから、農民の余剰分を吸い上げて士族を地主化させた保護策である。

しかしながら、このような措置は例外に属する。多くの藩では財政破綻と禄制改革の限界から帰農法を家臣団解体の手段として採用しており、帰農達成と同時に家禄と士族卒の族籍は返上されるものとした。ただ、与えられる帰農用地は条件の良い田畑を農民が手放すはずがなく、結局は劣悪な耕地か山林原野など開墾を要する土地に限られる。若干の手当や貢租の減免措置があったとはいえ、条件があまりに厳しかった。したがって、帰農法を設定しても任意であったり、卒や陪臣など旧家臣団末端のみを対象とした藩が大部分である。

ただし、なかには美濃の苗木藩のように士族卒全体が帰農した例もあった。同藩では平田鉄胤《かねたね》（篤胤の子）の門人で下級藩士出身の青山直道が大参事に抜擢され、平田派国学を藩政に反映させて徹底した廃仏毀釈を実施したことで知られるが、禄制についても明治二年（一八六九）一一月に士族と卒の定禄をそれぞれ一〇石と五石に一律化する改革が行われ、さらに三年閏一〇月に「聊《いささ》か国用の不足を補ひ、藩債を償ひ、軍費に備へ、闔藩《こうはん》一致旧習を打破し、朝意奉体の実績相顕候様」に尽力するとして、政府に家禄返上および帰農を願い出た。理由として「藩制を参判すと雖《いえども》、未だ方寸の効を見ず」と、財政再建の見通しが立たないことをあげている。藩知事の遠山友禄《ともよし》は、家禄の全額を窮民救済と藩の経費に提供し、青山大参事以下四〇名も帰農と引換えに与えられた扶助米を三年間返上し、藩債償却に当てている。それらの結果、一四万両を数えた藩債は明治四年八月段階で五万二六〇〇両にまで縮小し、政府首脳を注目させた。しかし、一般の士族卒にとってみれば、帰農にあたっては耕地と資金の提供や借財の弁済が約束されたものの、帰農法は明治五年に政府が中止の措置をとり、結果的には一ヵ年三石六斗の扶助米以外は何らの手当も与えられなかった。もともと苗木藩士は「控」と称する地所を所持して田畑の開墾を行っており、したがってただちに彼らが飢寒に瀕したわけではないが、何も得ることなく平民に編入された旧藩士の失望感は大きかった。同藩における帰農法の実施は、あらかじめ藩内の保守派を粛清したうえで強制的になされており、隣接の旧岩村藩士族などに比べて非常に不利な処置となったので、苗木の士族たちは栄達した青山を恨んで邸宅に放火し、政府に対しても帰農以前の族籍と家禄の回復を求める運動を執拗に続けた。青山は後に岐阜県の大野・池田郡長となったが、刺客に付け狙われ、郷里を捨てて東京に移っている。弟の胤通《たねみち》は東京医科大学（東大医学部）の学長となるが、直道は易者として不遇な晩年を過ごしたという（東山道彦『苗木藩終末記』）。

禄券法

　禄券法は、家禄を大幅削減したうえで売買可能な禄券に改め、私有財産化（家産化）して処分するという方策で、禄券は削禄によって浮いた財源をもとに順次買い上げて償却することとなっていた。帰農法に比べてコストが低いうえに、短期間で財政から家禄支出を解消することができ、償還も当局の都合にあわせて時期を設定することが可能で、さらに禄券は売買可能な債券として市中の資本を増加させる効果もあった。後にみるように、華士族の家禄は最終的にはこの方法によって廃止されるが、非常に効率的な手段であったといえよう。ただ、禄券法が考案された経緯は不明である。家禄を家産化させるという発想は、あるいは維新前から存在していたかもしれないが、少なくとも政府首脳の意見書で禄券法を具体的に述べたものは、大納言岩倉具視が国政の基本方針を示すために明治三年（一八七〇）九月に作成した「建国策」が最初である。その起草には制度取調専務の中弁江藤新平がかかわっていたとされ、財政の公表や藩を州郡制に移行させることなどを掲げているが、家禄に関しては次のようなことが述べられている。

「今日の華士族卒が、国家への務めを果たしていないのに租税を消費するのは公理に背く。家禄廃止の議論も生じるだろうが、長年の因襲でもあり、一挙にこれを停止すれば彼らを路頭に迷わせる。これでは億兆を保護するという政府の趣意にそわない。そこで、家禄の制度を変革して家産となし、さらに家産税を賦課すべきである。これにより士農工商とも均一に租税を負担し、政府の費用を供出することとなる。なお、家禄を家産化したのちは禄券を授与して売買を許可し、政府の会計に余裕あるときは漸次にこれを買い上げればよい」

禄券法を最初に実行に移したのは高知藩だった。明治三年一二月に出された布告文は「士民一般平均之理を主とし、士族文武の常職を解き、同一人民中之族類に帰すべき事」と唱え、次のような項目を掲げている。

一、官員・兵隊は士族・平民より選擢し、更に官禄を給すべき事。

一、士族の家禄を変じ、更に禄券を給し家産と做《な》し、又其券を割き売買するを許す。且つ漸年政府へ其券を買上べき事。

一、士族の常職を解き、別に文武官員を立るに依り、従来家禄の三分一を削り、且つ大禄は更に削減を加へ、官給に充つる事。

高知藩は、「人民平均」の最大の障害は士族の軍事的義務独占と家禄であるとし、禄券法によってそれらを一気に解消しようとした。このほか無礼討ちの禁止、服装の制限撤廃、平民の乗馬自由、「廃刀勝手次第」も通達される。ちなみに、ここでいう廃刀とは、常に帯刀する義務から士族を解放するということで、軍人・警察官・官員以外の帯刀を禁止した明治九年（一八七六）の廃刀令とはやや趣旨を異にする。なお、軍事的義務を負った武士が身分を捨てずに帰農商することは許されなかったが、高知藩は明治三年の一一月に「士族の面々商法好に任せ勝手たるべく候」との布告を発し、この原則を撤廃している。ただし、風俗営業など「賤業」を営むことは禁止された。「人民平均」とはいっても士族が最も廉恥を競うべき存在だと念を押すことは忘れていない。士族の特権を廃止しつつ模範的存在となることを求めて職業選択に制約を加えるのは、明治政府による「四民平等」政策にも共通する。周知の通り、高知はのちに自由民権運動の根拠地となるが、ここに限らず開明派が藩政を主導した藩においては、「三治一致」と「人民平均」を実現すべく、身分秩序を緩和させる努力がなされ、武家地や城内の通行制限を撤廃したり、知事と士族の間の儀礼が簡略化されている。ただ、それが職業や出自による差別を完全に否定するものでなかったことは留意すべきである。

禄券法は翌年には山口・彦根の両藩でも着手され、福井藩と米沢藩も適用の許可を政府に出願していた。かつて大老井伊直弼を主君に仰いでいた彦根藩は、桜田門外の変や幕府の「追罰」による石高削減という危機を経たのち、下級藩士出身の谷鉄臣《たにてつおみ》や大東義徹《おおひがしぎてつ》らが藩政を掌握して積極的な改革を進めており、「士は遊手を変じ力食に化し、結局士農一致の旧政御挽回せられ、国力更張独立自主の地に立置れ度」との趣旨で、明治二年一二月の政府禄制にほぼ準拠した家禄削減が三年五月に実施された。さらに、同年閏一〇月には知事井伊直憲《いいなおのり》の家禄のうち半額を藩庁経費に回すとともに、士族卒家禄の一割―三〇分の一を軍資に提供させた。そのうえで、明治四年（一八七一）六月二八日に「禄券一条」が布達された。内容は高知藩のものとほぼ同様だが、家禄四五石以上は一律に禄券の額面が一割減となり、すべての禄券に平時一割五分、非常時二割五分の家産税が賦課されているので、より急進的といえる。

右のような禄券法採用の動きは、松尾正人氏が明らかにしているように、廃藩置県を前提とした積極的な改革を先取りすることで、薩長出身者が主導する政府内で影響力を確保しようとした、高知藩を中核とする有力藩の政治運動の一環だった。つまり、中央の改革論が地方の改革を刺激し、それが基礎となって一段の改革論が中央に提起されるというかたちで、政府内の開明官僚と改革に前向きな藩の指導者たちが促進しあっていた。ただし、帰農法・禄券法とも全体からみれば一般的な方法ではなく、次章でみるように廃藩置県後に諸藩の禄制を全国一律にする作業が行われた際に停止される。しかし、家禄を私有財産に改めて廃止するという禄券法の手段そのものは、秩禄公債や金禄公債の発行というかたちで大蔵省が禄制を廃止する際の基本路線となった。

このほかの藩でも、徳島藩知事蜂須賀《はちすか》茂韶《もちあき》は「全州一致の体相立候様、速に御英断を仰ぎ奉り候」と政府に上書し、陸海軍が整備されず、財政の根本が確立しない理由は、ほかでもなく家禄によって莫大な財源が吸い取られていることにあり、たとえ家禄を受給している者が兵士の役割を果たしているとしても、一人の兵に家禄を世襲させる根拠があるだろうかと指摘した。そして、ヨーロッパのような一般からの徴兵による軍制の確立を当然とし、家禄の廃止を進言している。具体策としては、海外の友好国から数千万ドルの銀を借り入れ、華士族に常職と家禄の廃止がやむをえないことを懇切に説明したうえで、家禄の三年あるいは五年分を各自の営業資金として一時に与えるべきだとした。そして、家禄に用いてきた財源の半分は借入れ資金の償却にあて、残る半分を軍事費とすれば、家禄の弊害は解消し、債務も一〇年を出ずして償還でき、陸海軍も急速に整備できるだろうと述べている（『中御門家文書』下）。徴兵令も外資導入による家禄整理も、次章以下でみるように実際に政府の手によって行われている。いいかえれば、そうした政策の必要性は広い範囲に受け止められており、必ずしも唐突ではなかった。

諸藩における一連の禄制改革により、かつては高禄を誇っていた上級の士族は大幅な収入減を余儀なくされた。彼らの家来は藩の士族卒に編入された者もいたが、多くは帰農商を迫られる。藩庁機構や藩兵の縮小によって整理対象となった卒や兵隊の数も少なくない。禄制改革に内心は不満な士族卒は少なからず存在した。朝廷の「御趣意」を振りかざして改革を主導する藩庁首脳に対し、各地で抵抗が発生している。

しかしながら、それらの小事件が全体の流れを拘束したわけではなかった。前述の通り、政府は明治四年三月に愛宕・外山や久留米藩など尊攘過激派に対する一斉摘発を行い、そのうえで、薩長土三藩親兵による軍事力確保を実現する。そして、高知を筆頭とする非薩長雄藩からの「朝権一定」運動に押されるかたちで廃藩置県は急速に具体化し、薩長両藩出身の政府首脳による密議をへて七月一四日に電撃的に断行された。

廃藩置県の断行

廃藩置県は、文字通り二六〇年以上続いてきた藩による支配に終止符を打つものだった。薩長の有志たちは密議を重ねるなかで、当然生じるであろう藩側からの抵抗を心配し、「戦いを以て決する」という西郷隆盛の一喝でようやく決断したが、ふたを開けてみると抵抗はほとんど生じなかった。これは、迅速な決定によって反対派が形成される時間的余裕を与えなかったことによるが、華士族の家禄は全額が政府に引き継がれ、彼らの生活維持がしばらくは保証されたことも大きく功を奏した。とくに、前述の広島藩や古河藩のように財政破綻で正規の禄米を支給することのできなかった藩では、士族卒は大蔵省から禄高を満額受け取ることができるようになる。また、旧藩主たちは領主権を最終的に奪われ、家臣や領民と切り離されて東京に移住させられたが、彼らの多くは維新前よりもむしろ多額の所得を確保している。そのうえ、破綻した財政の処理や禄制改革などに対する不満はすべて政府に転嫁できたので、内心ほっとした者も多かったと思われる。

華士族の多くは情勢の急転に驚きつつも、根本的には日本が近代国家に仲間入りすることを強く望んでおり、新しい時代への変化を前向きに認識した。版籍奉還という法制的な領主制の廃止から二年間の準備期間があり、その間に府藩県の三治一致↓統一権力の形成という国家的課題の必要性が華士族の頭脳に浸透していた。私的な利害を通り越し、全国的統治の必要性と財政的問題から藩体制の限界は認識され、いずれは藩は廃止しなければならないという幅広い合意形成と、そうした日をいつか迎えるだろうという覚悟が華士族たちの間に固まっていたのである。また、藩政の維持を断念して自発的な廃藩を願い出る例は、明治四年に入ってから丸亀藩（京極朗徹《きょうごくあきゆき》）など六件を数えていたが、大同小異の内情を持つ藩は少なくなかった。藩債や藩札の整理で根を断ち切られた藩体制は、放っておいても枯死したといえよう。それゆえに、薩長と雄藩の間で廃藩後の主導権をめぐる駆け引きが展開されたのである。

佐倉藩大参事の依田学海は、廃藩置県を伝える東京からの急報に接し、「余はかねてかくあらんとは思ひし」と感じたという。しかし、「されどかく速に行わるべしとは思ひかけざりし」といささか動揺したことも隠していない。それでも「うちおくべきに非ず」と納得している。結果的には廃藩断行の実施条件は整っており、あとは実行者の決断を待つのみといった状態だったともいえる。

福井藩のお雇い教師となっていたアメリカ人のウィリアム・グリフィスは、廃藩の情報を耳にした役人たちのあわてふためく姿を観察しているが、彼は「昔から日本の最大の災いは働かない役人とごくつぶしが多すぎることであった。まさにシンドバッドが海の老人を振り落としたと言える。新生日本万歳！」と政府の決断を絶賛している。なお、福井士族の中には、興奮して自藩出身の由利公正《ゆりきみまさ》など改革派を斬るなどと息巻く者もいた。突然の大変革に対する反応は、落胆・驚愕・憤慨・納得とさまざまであったが、多くの者はすぐに冷静に事態を受け止めた。グリフィスはその様子を次のように記している。

けれどもちゃんとした武士や有力者は異口同音に、天皇の命令を褒めている。それは福井のためでなく、国のために必要なことで、国状の変化と時代の要求だと言っている。日本の将来について意気揚々として語る者もいた。「これからの日本は、あなたの国やイギリスのような国々の仲間入りができる」と言った。（グリフィス『明治日本体験記』）

こうした態度は、とくに福井の士族に限らず全国一般的な傾向であったといえよう。免職となった旧知事たちは家族ともども東京に永住するように命じられ、藩士たちに代々の忠勤を感謝するとともに天皇への忠誠を求めて告別し、士民らに見送られながら城下を離れていった。グリフィスは「一般にどの別れも出立も、悲しく、静かで、礼儀正しかった」と回顧している。そして、藩の統治にかかわる書類などは新県の官員に引き継がれ、藩の役職についていた士族の大部分は職務を解かれるか転任していった。

右のように廃藩置県は全体的に静穏に遂行されたが、やはり混乱もみられた。依田学海は次のような風聞を耳にしている。

諸藩士疑惑すること甚しく、笠間藩士等四、五人党を結び市街を徘徊して金を豪家にかる。松尾〔岡〕藩は諸官員肆《ほしいまま》に会計の局に至りて財用を侵奪す。菊間藩は判任の官員自ら職をとき、諸政尽く結緒をみだる。土浦藩は財を散じて士卒に賜ひ藩主国を去りてゆくところを知らずと。

真偽は不明であるが軍隊が出動するほどの事態は起きていない。ただし、異例だったのは鹿児島である。藩知事島津忠義の父で、事実上の「薩摩国主」である島津久光は、維新政権の施策にことごとく反発して政府首脳を悩ませてきたが、とりわけ旧臣である大久保利通や西郷隆盛が廃藩を主導したことに不忠者と激怒し、錦江湾《きんこう》に花火を打ち上げさせて鬱憤を晴らしている。また、廃藩断行の際に政府の強制力となるべき御親兵でも、薩摩兵の一部が不服を唱えて帰郷した。鹿児島の守旧的な勢力は、旧藩の精強な軍事力を蓄えたまま集権化を拒否して割拠する。このことは、政府にとって国内における最大の不安要因となった。なお、庶民の間には「殿様」にかわり、得体の知れない官員が支配を始めたことに極度の不安を覚える者もあり、広島県の武一《ぶいち》騒動など、領主引き止め運動が一揆に発展したケースは中国・四国などで複数みられた。

しかしながら、各藩が抱える旧家臣団の強固な存在によって「府藩県三治一致」の達成が妨げられ、また版籍奉還後も実態は旧大名による統治が続くといった弊害は廃藩によって一気に除去された。全国の華士族卒の家禄は大蔵省が直接掌握することとなる。諸務変革指令や「藩制」布告は、藩の自主性のもとで最大限に家禄をはじめとする歳出を抑制するように求めたが、ほとんどの藩は人員を極力維持しつつ上損下益による禄制改革を進めた。しかし、政府にとってはそれらの成果も十分とはいえず、廃藩の断行を決意させる一つの契機となる。まず自主的な改革を命じておき、その不徹底を理由に上からの抜本的改革を正当化したものといえよう。こうした手法は今日の行政にも時折みられる。

廃藩の時点までに諸藩の家禄支給高は全体で維新前より三八パーセント削減され

た。士族卒に限れば四四パーセントの削減率を示すが、これは廃藩置県後に政府が削減した分を上回る。秩禄処分は家禄削減と公債化の段階に分かれるが、家禄削減の大部分は、各藩の「適宜改革」という枠組みの中で、旧主である藩知事の名において断行されたこととなる。のちにみるように、大蔵省は秩禄公債や金禄公債の発行に際して廃藩時点での禄制を基準に据えており、秩禄処分の根幹は廃藩の時点でかなり達成されていた。

藩債と藩札の整理

ところで、明治三年（一八七〇）の「藩制」では各藩に債務と藩札の処理が命じられていたが、藩は公的な統治機関だったので、それらは政府に引き継がれた。このうち藩債は実態把握に時間がかかり、廃藩置県から約二年をへた明治六年三月の新旧公債証書発行条例によって、ようやく処分方針が次のように決定した。

①幕府が棄捐令を出した天保一四年（一八四三）以前のものは破棄する。
②維新後に新規に立藩が認められたり、再立を許された「朝敵」藩は、新立・再立以後の債務のみを政府が引き継ぐ。
③旧幕府や個人に属する負債は償還の対象外とする。

④藩債は弘化元年（一八四四）―慶応三年（一八六七）と明治元年（一八六八）以降に区分し、新旧公債を発行して償還する。

中村哲氏によると、外債四〇〇万円は元利償却分を差し引いて現金で償還されたが、国内債は七四一三万円のうち五二パーセントにあたる三九二六万円が破棄される。発行された新旧公債も維新前からの旧債は無利子五〇年償還、明治元年以降の新債は四分利付三年据置き二五年償還と、債権者にとってはきわめて悪条件の内容で、最終的には藩債全体の八割が切り捨てられたとしている。一方、藩札は廃藩時の時価によって政府の紙幣と交換された。

江戸中期以降、多くの藩は借入れに頼って藩政を維持してきたが、明治政府は多く見積もっても二八パーセントしか引き継いでおらず、最後のツケは貸主に回された。とりわけ解体された旧幕府家臣団の債務はすべて私債とみなされて事実上回収不能となり、江戸の金融を支えてきた札差《ふださし》たちは借り手の旗本・御家人ともども瓦解した。また、仙台など「朝敵藩」とされた地域における商人の打撃も計り知れない。さらに、大名貸を行ってきた大阪の両替商も多額の不良債権を抱えることとなる。住友の番頭の広瀬宰平《さいへい》は自叙伝『半世物語』で、維新前における大阪の旧家豪商として三四家の名をあげ、そのうち天王寺屋作兵衛、平野屋五兵衛など二三家が維新の荒波をうけて破産・絶家の災厄に遭遇し、何とか以前の勢力を保持できたのは住友吉左衛門や鴻池善右衛門、加島屋久右衛門など九家にすぎなかったと回顧している。

第三章　留守政府の禄制処分計画

政府案としての禄券法

明治政府は、廃藩置県によって中央集権の基盤を構築した。廃藩置県は長州藩出身の若手である野村靖と鳥尾《とりお》小弥太《こやた》（兵部省出仕）の突き上げをきっかけに、クーデター的断行へと急展開したが、背景には大蔵少輔井上馨《かおる》や兵部少輔山県有朋《やまがたありとも》の、財政の確立と兵権の統一に対する強い切迫感が存在した。それは、華士族のありかたに大きな変更を求めるものでもあった。

第一に、国家的課題である殖産興業や富国強兵を推進して「万国対峙《たいじ》」を実現する財源を確保するためには、全人口のわずか五パーセントでありながら、歳出に高い比重を占める華士族の家禄を処分することが不可欠だった。明治四年（一八七一）一〇月から一二月の経常歳出四二四七万円のうち、家禄・賞典禄と社寺禄は一六〇七万円であり、実に三七パーセントの割合を示している。

第二に、西洋的な近代的軍隊の形成には、各藩別に編成された軍制を廃止し、統一的な軍隊を構築しなければならない。ただし、志願兵制度では応募者が偏るうえ経費もかかるので、とりあえず旧藩兵の一部を再編したが、今度は不服従や脱走が頻発するなど質的な問題に直面することとなる。士族でも洋学の知識や軍事指揮の経験がある者は将校の人材供給源となりえたが、出身や年齢に関係なく画一的に服従すべき兵卒とするにはプライドが強すぎて扱いにくかった。国民全般からの徴兵は、明治二年に死亡した大村益次郎が構想していたが、山県有朋はヨーロッパ視察を通じて、兵を国家の側から選抜して軍事教育を施す徴兵制のほうが効率的であることを認識しており、それを日本においても実現しようとした。

ところで、武士の軍事的義務は家禄に付随するものであり、大蔵省が意図する家禄処分を実現するためにも、まず第一に士族が「常職」として武職を独占する状況を解除しなければならなかった。つまり、廃藩の断行に成功した政府にとって、不可分の関係にある家禄と軍事的義務の独占をともに解消することが次の国家的課題となっていく。

理屈のうえでは、廃藩置県で華士族が行政と軍事の職務を失った時点で禄制を廃止することもできた。しかし、廃藩後も家禄の支給は継続される。前述のように、このことは華士族の動揺を防ぐうえで大きな効果をあげた。しかし、政府にとっても家禄の総額を把握するなど準備期間はどうしても必要であり、もとより家禄をそのまま放置するつもりではなかった。すでにみてきたように、廃藩置県以前から禄制廃止の方針として禄券法の採用が確定し、さらに高知藩・彦根藩・福井藩・山口藩・米沢藩の五藩では、政府の方針を先取りして禄券法を採用している。山口藩は脱隊騒動を鎮圧して藩の改革を中央の改革に整合させ、「尾大の弊」の筆頭となっている鹿児島藩との対照をみせていた。また、高知藩をはじめ王政復古と版籍奉還で薩長に後れをとった雄藩は、思いきった改革を背景に発言権の拡大を図ろうとし、政府内の開明派と連携しつつ急進的なプランを提起していく。そして、その中軸に士族の常職解除と家禄処分が位置づけられていた。薩長の有志による廃藩のクーデター的断行は、こうした非主流派の積極的な動きに先手を打ったものだった。ただし、雄藩の改革者たちの努力が徒労に終わったわけでもない。彼らは政府内にあって非主流ではあるが、左院議官や地方長官など高い地位のポストに登庸され、引き続き藩閥の独走への歯止め役を果たそうと努めていく。

「内地政務の純一」

廃藩置県によって全国の旧藩士族を一手に掌握した政府は、次に彼らをいかに集権化の中に組み込んでいくかという課題に取り組んでいく。こうしたなか、欧米各国との友好親善と条約改正交渉の延期通告、さらに欧米の制度などの実情調査のために使節団が欧米に派遣されることとなる。前外務卿で右大臣の岩倉具視が大使だったので、通常は岩倉使節団と呼ばれる。岩倉はすでに幕末段階から海外への使節派遣を通じて国家の根軸を定めることを提起していた。副使は参議木戸孝允・大蔵卿大久保利通・工部大輔《だゆう》伊藤博文・外務少輔《しょう》山口尚芳《ますか》の四名で、随員や留学生をあわせて一行は一〇〇名を超える。なお、使節団出発の三日前である明治四年（一八七一）一一月九日に、使節団と留守政府の間で交わされた約定書の第七款には「廃藩置県の処置は、内地政務の純一に帰せしむべき基《もとい》なれば、修理を遂て順次其実効を挙げ、改正の地歩をなさしむべし」とある。より具体的にこのことを述べているのが、翌一〇日に使節団副使の参議木戸孝允から、太政大臣三条実美に送られた書簡である。

　廃藩置県の御所致は当今の大急務に付、速に内地の政務純一に相帰し候様、御間断なく御着手、千万仰願奉り候。付ては士の常職を免ぜられ、随《したがい》て禄募等の処も適宜の御良法を以、速に旧士族の安堵仕り候様御所致これありたく、只《ただ》内地の政務純一に帰せざるの基は、三百万の士族の御所致相定まらざるにこれあり申し候。付ては常職を免ぜられ、禄募を定められ候が尤《もっとも》なる急務かと存じ上げ奉り候。

つまり、廃藩置県の後始末を引き受けた留守政府の中心的な任務である「内地政務の純一」は、徴兵制度による常職廃止と禄券法による秩禄処分という士族の処遇に直結する問題が根本となっていた。ただし、木戸は士族が安堵できるような措置の設定を条件としている。

秩禄処分を担当するのは大蔵省だった。大蔵省は、廃藩の後始末を根拠に七月に民部省を吸収し、広範な行政の権限を掌中に収めて機能を大幅に強化している。長官である大蔵卿大久保利通は岩倉使節団に加わっており、いきおい実権は次官の大輔に昇格したばかりの井上馨が握ることとなる。のちの鹿鳴館外交や条約改正交渉など外交方面での活動で知られる井上だが、もともとは財政が専門だった。井上は渋沢栄一《しぶさわえいいち》など旧幕臣を含む開明官僚を従えて活発に省務を切り盛りする。渋沢は各省の歳費を定額化しようとする大久保と衝突し、「理財の実務に熟せざるのみならず、その真理さえも了解し難い」と手厳しく評価しているが（『雨夜譚』）、会計の実務に長じた井上は、大久保が呼び込んだ人物を排除するなど省務において手腕を見せた。しかし、それだけに〝敵〟も多い。彼を嫌悪する鹿児島出身の政商五代友厚《ごだいともあつ》などは、平家の専横になぞらえて〝清盛〟のあだ名を付している。もっとも、参議でも長官でもない井上の政府内における影響力は決して強いものではない。そうしたなかで廃藩の後始末という重い任務を預けられたことに井上は不安を抱き、使節団の出発寸前になって大久保に残留するよう切望し、聞き入れてくれなければ辞職するなどと表明して一悶着を起こした。大久保たちは筆頭参議の西郷隆盛を大蔵省事務監督に当てて井上を支援させることとし、ようやく翻意させている。井上の気分は平清盛のごとく栄華に浸ったものではなく、大久保にもらしているように「難船之乗留」の心地だった。

ところで「内地政務の純一」の推進をうたった使節団と留守政府の約定書は、井上が作成に深く関与していた。よく知られているように、この約定書の第六款は「内地の事務は大使帰国の上、大に改正する目的なれば、其間なるべくだけ新規の改正を要すべからず。万一已《やむ》を得ずして改正する事あらば、派出の大使に照会をなすべし」と留守政府に新規改革の凍結を求めている。ただし、これは廃藩後の急務とされた徴兵制と秩禄処分という大改革を拘束するものではなく、むしろ、それ以外の新政策への財政支出を抑制して二つの改革に専念させるための措置だった。廃藩置県を断行したとはいえ、いまだ旧藩から県への事務引継は完了しておらず、政府の歳入もきわめて不足する状態のなかで、むやみに手を広げず「実用の興作」に努め、根本的な問題から解決していくのが、財政の健全化こそ国家構築の基礎と考える井上の意図だった。

井上馨の急進的な禄制廃止案

井上馨の背後には、長州閥の重鎮で開化派のリーダーと目された参議木戸孝允がいる。木戸は秩禄処分の実施に積極的で、岩倉使節団の副使として出国する前に、家禄の三分の二を公債化して士族に支給し、残った三分の一は政府の手元で貯蓄しておいて一〇年後に公債を買い上げるという処分案を独自に考案している。しかし、廃藩前の改革で家禄を生活に最低限必要な水準にまで抑制された士族にとって、もう一段の削禄は苛酷な措置だった。また、政府側にとっても士族から徴収した家禄の三分の一を管理運用するという手間がかかるうえ、結局はそれを公債の所有者に返すことになるのでメリットは薄く、あまり現実的な方策とはいえない。

しかし、木戸は廃藩置県直後の明治四年（一八七一）八月三日、イギリスの代理公使フランシス・アダムスと、幕末以来の駐日外交官であるアーネスト・サトウにこの計画を自慢げに打ち明けている。同席したオーストリア人のアレクサンダー・ヒューブナー男爵によると、木戸は自信満々の態度で「我々の諸改革は国民の要求に応えるものです。いくつかの藩は我々に請願書を提出しましたが、我々が実行しようとしていることは、まさに彼らが望んでいることだと分かりました」と述べたという。たしかに、前章で述べた通り世禄や常職の廃止に積極的な意見が開明的な藩から出された事実はあるが、やや楽観的すぎる。「既得権を取り上げ、風俗習慣を変化させ、思想を改変するのには三年もあれば十分」と、知的な風貌でさわやかに弁舌を発する木戸に対し、一同は好印象を抱いた。ただ、オーストリア帝国の宰相メッテルニヒの薫陶をうけた保守派貴族であるヒューブナーの目には、秩禄処分はあまりに過激な議論に映り、「この方法がヨーロッパの急進主義者たちが用いた方法とあまりにもよく似ていることに驚かない者がいるだろうか」と疑問を投げかけている（『オーストリア外交官の明治維新』）。

しかし、使節団の出発後に国内改革の主導権を掌握した井上馨は、さらに進んだ禄制廃止案を打ち出している。その内容は要約すると次のようになる。

①華族の家禄は二二五のランクにわけ、九五―四〇パーセントを削減し、全体の七五パーセントを削減する。

②士族の家禄は一九八ランクにわけ、五〇――一七パーセントを削減し、総高を三分の一減とする。

③削減後の士族卒家禄高の六ヵ年分を、一割利付の禄券で一時に支給する。

この方策は、廃藩前の段階で約四割が削減された家禄に、さらに大ナタを振るうというもので、かなり士族に苛酷な内容である。華族に対する禄券については不明であるが、上損下益の原則からみれば、より厳しい条件が想定されていたと思われる。この大蔵省案に対して西郷隆盛は、大久保に「此機会失ふべからず、両全の良法と存じ奉り候」と書簡で述べている通り積極的に賛同し、明治五年（一八七二）二月に太政官正院での「内決」を得た。

ところで、禄券は華士族の事業資金に充当されるべきものだったが、市場に任せると士族が一斉に売却し、価値が下落するのは必至であるため、政府が適宜買い上げることとした。しかし、それに要する財源は国庫から確保できないため、鉄道建設や鉱山開発など殖産興業の費用を抱き合わせた、七分利付外国公債を一五〇〇万円から三〇〇〇万円の範囲で募集することが決定される。禄制処分案の内決が得られると、大蔵少輔の吉田清成《きよなり》が理事官となり、大蔵少丞大鳥圭介や御雇外国人ジョージ・ウィリアムスなど随員四名とともに、岩倉使節団を追いかけるようにアメリカに派遣されることとなった。これは、明治三年（一八七〇）に鉄道建設資金を目的に外債募集を行った際、イギリス人ネルソン・レイに委託したことでさまざまな不都合を生じたという苦い経験があり、今回は井上に次ぐ地位にある高級官僚を直接の責任者としたのである。吉田清成の知名度は高くないが、幕末に鹿児島藩の留学生として洋行し、のちに駐米全権公使や農商務次官、元老院議官、枢密顧問官などを歴任する人物で子爵になっている。明治二四年（一八九一）に四七歳で死去しているが、もう少し長生きすれば大臣になっていただろう。また、大鳥は旧幕府歩兵奉行として箱館で降伏するまで各地を転戦し、一月に釈放されたばかりである。後年は朝鮮公使や学習院長などを務めているが、アメリカ行きは官界での初仕事となった。

二月一五日に井上と吉田は連名で、岩倉使節団副使の大久保利通と伊藤博文に書簡を送り、彼らのアメリカ滞在を「無上の便宜」と表明している。前述のように大久保は大蔵卿で、伊藤は殖産興業を主務とする工部省の大輔であった。工部卿は欠員となっていたので実質的に彼が長官である。つまり、外債募集の目的である秩禄処分と殖産興業の政策責任者はともにアメリカにいた。さらに、伊藤は大蔵少輔だった一年前にアメリカ経済を現地調査していたので実情に通じていた。起債地として第一にアメリカが選ばれたのは、募集活動に彼らの支援が得られることを期待したためである。

急進的処分への自信

それにしても、こうした急進的な処分が何の苦もなく速やかに実施できると留守政府は読んでいたのであろうか。彼らは、廃藩置県以前から続く急進改革の勢いに乗じるとともに、秩禄処分を強く求める世論に期待したと考えられる。たとえば、明治五年三月発行の『新聞雑誌』三七号は太政官出仕野口某による「伏して冀《こいねが》ふ。廷議断然此時を相て此機に投じ、悉《ことごと》く華士族を廃せんことを」との建議を載せており、また高知県士族楳谷《うめたに》忠二郎は「自今座食するの宜《よろし》からざるを解諭し、華士族卒三族を廃し、三年の間等しく面口扶助遊ばされ候はば、衆庶相共に其将来を計り、其才力に食し、三年の後始て御趣意貫徹仕るべし」との上表文を政府に寄せている。そして、このように「無為徒食」と批判されるようなあり方を武門の恥とする考え方は、士族の間にも内在していた。また、次に掲げるように身分的特権の解消が順調に進んだことも、留守政府の秩禄処分に対する楽観的な見通しを裏付けたと考えられる。

- 戸籍法─国民を身分別ではなく居住地別に編成（四月四日）
- 平民の乗馬を許可（四月一八日）
- 散髪脱刀の自由化（八月九日）
- 無礼打ち等の禁止（八月一七日）
- 華士族、平民相互の婚姻を自由化（八月二三日）
- 「穢多非人」の称廃止（八月二八日）

・在官以外の華士族卒の職業選択を自由化（一二月一八日）

こうした「四民平等」化の改革は、人々をさまざまな束縛から解放した点で画期的といえる。外国人を意識した「文明化」の一環でもあるが、近代国家を形成するためには国民の能動性を引き出すことが不可欠であり、そのためには身分制の撤廃による国民の均質化が急務だった。そして、均質化された国民は平等に徴兵や納税の義務を負うべきものとされた。ただし、「穢多非人」の称廃止が本質的な解放につながっていないように、従来の差別的な関係を積極的に除去するものではなく、制度の変革と意識の変化が完全に連動するわけでもない。政府も華士族が貸座敷など「醜業」を営むことを禁止し、貧民救済の対象外とするなど、名誉を保持すべき立場としての制約を課している。人間関係などでは、つい先日まで「御殿様」「御侍様」だった華士族の平民に対する優位はそれほど変わらなかった。一連の「四民平等」政策は、華士族の威信や実生活を必ずしも根底から脅かすわけではなく、むしろ因習の枠を越えた「立身出世」の機会をもたらすものだった。

ただし、秩禄処分は華士族の生活に直接的にかかわるものだった。もともと武士の多くは維新前から決して裕福ではなかったうえに、維新政権の指令による禄制改革によって家禄をかなり削減されていた。しかも、廃藩後に失職状態となった後も多くの者は生産手段を得られない状態にあり、「座食」と批判されるように、依然として家禄のみに頼って生活している。したがって、就業機会の提供など何らかの保護策を与えないまま急速な秩禄処分を断行すれば、微禄の士族の生活を破綻に追い込むことは明らかだった。政府は彼らが自助努力に励むことを強く求めたが、「恒産なくして恒心なし」の言葉通り、路頭に迷ったあげく治安を破る者が現れるかもしれないというリスクも存在した。

とはいえ、士族の窮乏は国家全体からみれば些細な「私事」にすぎないと言い切ることもできよう。客観的な視野に立ってみれば、国民の五パーセントにすぎず、ほとんどが無役となった華士族の生活資金が国庫に大きな割合を占めている状態は明らかに不健全だった。そして、これを解消しなければ近代化の基礎を築けないことは誰の目にも明らかだった。したがって、実施方法の緩急はともかく、秩禄処分を不可避とする点では政府内で合意が形成されていた。たとえば西郷隆盛は、幕末に受けた顔面の刀疵を維新の勲章と自慢しながら蓄財に励む井上を「三井の番頭さん」と揶揄《やゆ》し、その品性を嫌悪していたと思われるが、前述のように協力している。

吉田清成と森有礼の論争

先に触れたとおり、秩禄処分と殖産興業の資金を確保するため、特命理事官として大蔵少輔吉田清成がアメリカに派遣された。ワシントンには外債募集の目的と大きくかかわる大久保大蔵卿と伊藤工部大輔が岩倉使節団の副使として滞在中であり、彼らの支援は吉田にとって織り込み済みだった。

ところで、アメリカに着いた岩倉使節団一行は、廃藩置県を無血で行ったという国内改革への自負と、先進国に見習うという態度を評価したアメリカ側の熱烈な歓迎ぶりに舞い上がっていた。たとえば伊藤博文はサンフランシスコでの晩餐会の席上、「数百年来鞏固《きようこ》に成立せし封建制度は、一箇の弾丸を放たず、一滴の血を流さずして、一年以内に撤廃せられたり」と廃藩断行の成果を誇り、「我国旗の中央に点ぜる赤き丸形は、最早帝国を封ぜし封蠟《ふうろう》の如くに見ゆることなく、将来は事実上その本来の意匠たる、昇る朝日の尊き徽章《きしよう》となり、世界に於ける文明諸国の間に伍して前方に且つ上方に動かんとす」と結んだ。このスピーチは〝日の丸演説〟と呼ばれて好評だったが、文明国に仲間入りすることへの楽観的見通しをよく示している。そのうえワシントン入りすると、駐劄《ちゆうさつ》少弁務使（今日の駐米大使に相当）森有礼《もりありのり》から、この勢いに乗じれば延期を求めるはずだった条約改正交渉も有利に運ばせることが可能だと進言され、ただちにアメリカ政府との交渉に入った。しかしながら、使節団の全権委任状にはそうした交渉を行える権限が記載されておらず、先方からそのことを指摘されて初めて不備に気づき、やむなく再交付を求めて大久保と伊藤が一時帰国することとなった。彼らは明治五年（一八七二）二月一二日にワシントンを離れたが、岩倉たちは足止めの状態となる。使節団は森の〝入れ知恵〟にかき回されたかたちで日程が大幅に狂い、そのぶん余計に経費を使うこととなった。さらに、条約に手をつけるという目的変更は外務省が断固として許さず、大久保と伊藤の帰国も結局は時間の無駄に終わる。副使の木戸孝允は、軽率にも森を筆頭とする〝西洋かぶれ〟に乗せられたと後悔し、その後も「我国の公使にして、公然外国人中にて猥《みだ》りに我国の風俗をいやしめる」と森の態度を批判している。森の西洋化への強烈な使命感と、中傷をものともしない豪胆な性格はつねに保守派の憎悪を招き、ついに伊勢参宮のおりに「不敬」があったとの風聞に憤った西野文太郎によって憲法発布の日に刺殺されるが、同時に文部大臣として教育制度の拡充に手腕を発揮するように、その能力と知識も広く認められていた。

二月一六日に横浜を出帆した吉田たちが大久保と伊藤の一時帰国を知ったのは、三月一二日にサンフランシスコに到着してからだった。両者は太平洋ですれ違ったことになるが、公債募集の目的と大きくかかわる大久保と伊藤の不在は、吉田にとって好ましいことではない。そして、四月八日（新暦五月一四日）にワシントン入りした吉田もまた、森に大いに困惑させられることとなる。

吉田と森は、慶応元年（一八六五）に鹿児島藩からイギリスに派遣された留学生仲間であった。二人は修学の期間が過ぎるとアメリカに渡っているが、森は先に帰国して制度取調掛などに任命され、帯刀廃止など急進的な議論を発し、守旧派から憎まれた末に明治三年（一八七〇）閏一〇月の辞令でアメリカに派遣されている。一方、吉田は明治三年一二月にアメリカを離れて四年二月に帰国し、大蔵官僚となっていたので、二人は久々の再会となった。しかし、森は外債募集を自分の職権と考えて吉田の派遣を不愉快に感じる。また起債の目的である秩禄処分そのものに頭から反対だった。そして、同じ釜の飯を食べた仲という関係もあってか、無遠慮に吉田に論争を挑んできた。二人の論争は公債募集の意図を尋ねる四月一〇日付の森による書簡に端を発し、以後は「後日之心得」になるという吉田の希望から文面での論争が中心となる。

森は四月一二日の書簡で、外債募集活動は現在進行中の条約改正交渉を妨害するとし、吉田の派遣は本国政府の決定なので何を言っても始まらないが、ひとたび非を悟れば政府や君主といえども過ちを改めるべきであるとし、外債募集や秩禄処分が有害無益で絶対に撤回すべきとの意見を伝えたいと面会を求めた。吉田は、自分は政府決定を変更する権限がないので討論しても無益だとしつつ、翌日に森を訪問している。

吉田は日本の近況などを伝えて説得に努めた。しかし森は承服せず、一四日に一四項目にわたる質問書を送っている。公債を発行する根拠や、内債ではなく外債とした事情、殖産興業に対する政府の姿勢など基本に類するものも含まれているが、秩禄処分に関しては次の三ヵ条の質問を発した。森は家禄を私有財産と解釈しているので、「家領物」という語句を使っている。

①華士族の家領物の三分の一を減奪する公理とはいかなるものか。

②残った家領物の三分の二について、六ヵ年分を一時に買奪する公理とはいかなるものか。また、その年限はいかなる根拠によるのか。

③家禄には功労や所有に新旧があるが、そうした要素を考慮するのか。

文中の「減奪」「買奪」という表現は原文の通りであるが、ほとんど詰問に近い。

これに対する吉田の回答は以下の通りである。

①′「家領物」「減奪」の意味は判断しかねるが、禄制改正のことと推察する。そもそも、国民が納めた租税を政府が一部の人に偏与する理由はない。家禄はすべて没収しても可である。三分の一を削減して残りを下賜するのは、むしろ寛大な処置

というべきではないか。

②′政府が華士族の家禄を買い上げるのは、第一に華士族に就業する便宜を与えるためであり、第二には政府が国民の一部を偏愛している処置をなるべく速やかに是正するためである。

③′たしかに家禄の内容には多少の種別はあるが、それを考慮して制度を立てることは困難であり、一律に処分することで政府の方針は一決した。

吉田は、本来的には家禄を無条件に廃止することができるとして「悉《ことごと》く之を没入しても可なり」と述べ、さらに森は本国の任務を忠実に実行すべき外交官の本分を踏み外していると攻撃し、たとえ本国の決定に不満があっても、軽率に外国人を相手に自国を批判すべきではないと注意した。そして、森は秩禄処分について日本政府が盗賊の所業をするかのように語り、書面でも公然と「減奪」「買奪」などという言葉を用いているが、禄と名乗る以上は私有の財産ではないことは明白であり、無能な者が家禄に安住する道理はないので、これを没収しても不当ではない。にもかかわらず、これを盗賊の所業のように語るのは理解できないが、仮にそうであっても政府の代任者が自国を辱めてよいものかと述べ、政府の処置が本当に国家の安危にかかわるというならば、自ら本国に具申すべきであり、政府の特命で派遣された理事官の職務を妨害するのは不当きわまりないと非難している。

森は一七日に再び反論の書面を送ってきた。その中で彼は、外交官は国益のためなら機密事項を除いて発言を封じられる理由はなく、政府の命令なく発言したことは功罪ともに本人が責任を引き受ければよいとした。また、秩禄処分に対する吉田の回答に対しては、「減奪」「買奪」の文字がお嫌いのようだが、文学者などに問い合わせればすぐに意味を了解できるはずだと述べ、逆に「悉く之を没入しても可なり」との議論はまったく理解できず、「是或は東洋流行無理の理より生ずる理」なのかと尋ねている。

論争は、吉田が森の相手をしなくなるかたちで打ち切られる。吉田は井上馨にあてた報告書のなかで、森の議論は禄を個人のプロパティー（所有物）とみなしたもので、寸分も取るに足りない拙論であり、三尺の童子もこのような愚鈍なことは言わないだろうと酷評し、「ヒタ〳〵に論じ付《つけ》、一言も弁論出来ざる位にたたき付」て沈黙させたと語っている。しかし、秩禄処分の計画に対して森が強硬な反論を述べたり、後述するように岩倉が難色を示したことはアメリカ人にも察知されたらしく、『ニューヨーク・ヘラルド』紙に「日本にて公債新募の談判を為すという説は全く誤解に出たり。森弁務使並岩倉大使は右所置に断然不同意なり」との記事が掲載され、吉田がデ・ロング駐日公使に紹介されたロスチャイルド系列のドイツ系ユダヤ人ジェイコブ・シフと交渉中、この新聞を示されて仰天する場面もあった。

一方、森はその後も外債募集への妨害工作をやめず、「諸族の家産を強買並に没入して、以て諸人固有の権利を剝奪せんとする方策の採用を建議せる、天皇陛下の政府に在りて其責に任ずべき諸官員に白《もう》す」との長大な表題の論文を英文で公表し、あからさまに吉田の職務を妨害している。このなかで森は、世襲の家産の所有権を廃棄させようと政府が権力を行使するのはまったく不当だとし、世襲の家禄を政府が〝パブリック・ペンション〟（公的恩給）と解釈するのは、家督相続の際に家禄付与の御墨付を新規に願い出ることを根拠としているようだが、それは単なる慣習にすぎず、文明国の法令に準拠すれば、このように久しく所有されてきた家産は世襲の権が認められるべきだとした。吉田は翻訳して井上に送付しているが、右のような森の説を「誠にあほらしき子供の議論にて、言葉の添様もこれなき次第」と嘲笑し、経済学を曲解した有害無益の空論と切り捨てた。

しかし、既得権や私有財産の保護に敏感な欧米人の目には、森の議論のほうが一理あるように思えたであろう。たとえば、木戸が廃藩置県の直後にイギリス代理公使アダムスらに秩禄処分の計画を語ったことについては前に述べたが、同席していたヒューブナー男爵はそのときに次のような印象を抱いたという。

政府が当面解決を迫られている最も困難な問題は、士族が三世紀来享受している世襲の家禄を、危険を冒すことなく、彼らからどの程度奪うことができるか、という問題である。ヨーロッパ人の視点からすれば、商人が商売によって得た利益を守る権利を有するのと同様に、士族もこうした家禄を保持する権利を持っていると言えよう。しかし「権利」という言葉が存在さえしない国においては、何もかも強者の支配によって定められるのである。(『オーストリア外交官の明治維新』)

末尾の部分は、「東洋流行無理の理」という森の表現にも通じるところがあるが、ヒューブナーの考えは保守的な欧米人にとっては一般的だったかもしれない。そして、森は華士族への単純な同情論から秩禄処分に反対したのではなく、ヒューブナーが感じたように西洋的な観念からみればこの措置は不当であると確信し、既得権が存在しない国だと欧米人に思われることで国益が損なわれると危惧した。しかし、日本では森の立場は「誠にあほらしき子供の議論」とされたのである。こうした乖離《かいり》が生じた理由として、所有をめぐる日本と西欧の差があげられる。

イギリスやドイツなど西欧の貴族は、主として大土地所有の上に権力と社会的威信を維持しており、そこでの既得権は「神聖」なものとされた。大革命後のフランスといえども決して貴族の土地所有が全面的に廃止されたわけではない。これに対して江戸期の武士は、第一章でみてきたように、辺境の在郷給人などを除けば一般的に土地所有から切断され、幕府・藩という公権力への帰属で自らの権力と権威を保証されている。また、所領は藩領としてのみ存在し、個々の武士は個別的に所領を支配する自由を喪失していた。したがって、形骸化した領有の権利を土地所有権に転化することは不可能だった。土地の権利は実質的に農民が握っており、地租改正による地券発行は租税の負担者である農民の土地所有を公認する措置となる。明治維新は、大筋では所有秩序に影響を与えない政治権力の移行であったといえよう（水谷三公『江戸は夢か』）。

結局のところ、武士の権利は国家への義務に対する見返りにすぎなかった。そして、秩禄処分における政府の基本姿勢は、「其職を解けば則ち其禄を得るの理《ことわり》なし」というものである。すなわち、家禄はあくまで「私」ではなく「公」に属するものだった。こうした解釈にもとづいて、罪科に問われて士族の族籍を剝奪されれば家禄は自動的に没収され、あるいは華士族が破産しても家禄は差し押さえの対象外とすることが法令で規定されている。

吉田の外債募集は、森の妨害工作にくわえ、実質金利七パーセントという条件がアメリカの金利一二パーセントという金融事情と適合せず、現地の銀行との交渉が思わしく進まなかった。本国の井上馨と大隈重信はそうした状況をみて吉田に、「公債募集は第一歩を誤れば百害を生じ、急いで強行しても十分な成果はあがらないだろうから、再渡米する大久保と協議のうえ、見通しが悪いようなら無理をせずに帰国するように」との訓令を送っている。また、後にみるように井上は妥協案としてより緩慢な秩禄処分案の策定を進めていた。しかし、吉田はすでにアメリカでの活動に見切りを付けてロンドンに移っており、オリエンタル・バンク（英国東洋銀行）などと交渉を始めている。彼は右の訓令に対する返書で、いまさら秩禄処分の計画を変更しないよう強く求め、公債募集の現状を再渡米した大久保と伊藤に説明したところ了解を得ており、あくまで任務を続行するとの意向を示している。そして、井上の憂慮についても、理事官として派遣を命じた以上はこのまま自分に任せてほしいと強気の態度をみせた。

この間、政府は募集額を一〇〇〇万円に減額し、年期も短縮するなど条件を緩和させていた。吉田はこうした政府の方針変更を電信で知らされ、政府の決定がすぐに変わるような感触を与えるのは交渉に不都合だと非難するとともに、一〇〇〇万円の資金では禄券買上げや各種事業の資金として不十分ではないかと危惧している。当時、東京とロンドンの文書による連絡が二ヵ月を要したことも両者の食違いを大きくしたが、吉田は必死の努力を続けたすえ、明治六年（一八七三）一月一三日にロンドンで、オリエンタル・バンクを引き受け先とする契約の調印に成功した。募集の成績は好調で、一〇八三万円あまりの実収を確保した。ただし、華士族から禄券を買い上げる資金が計画より乏しくなった以上、急進的な処分を予定通りに達成させることは難しくなる。

政府内の圧力

資金面での条件が厳しくなったとしても、政府が華士族の反発を抑えて処分を遂行できる力量を発揮すれば、秩禄処分の早期実現は不可能ではない。しかし、藩債や藩札の処理に際して商人たちを犠牲にしたのとは異なり、華士族が相手の場合は武力が背景にあるだけに簡単ではなかった。開拓次官黒田清隆《きよたか》などは、出国直前の吉田に対して、「篤と勘考仕るに尋常の事では中々行るゝを得ず。非常の御英断を以て是非やい《(り)》ぬかずんば万々行われがたく、し《(っ)》すかり兵部において皇州人民保護の道相立ち、屹度固め付候後、発令相成度」と、秩禄処分は武力鎮圧を躊躇するような腰の引けた姿勢では貫徹しがたい難しい政策であるとの考えを、同じ薩摩人として方言まじりの手紙で率直に表明している。

留守政府の筆頭参議である西郷隆盛は「副城公〔久光〕の着発弾には何とも力及ばず、大よはりにて御座候」と、事実上の旧主とはいえ島津久光ひとりの対処に苦慮し、政務になかなか専念できない状態だった。廃藩に激怒した久光は、息子で鹿児島藩知事だった島津忠義が上京した後も鹿児島にとどまり続け、政府の開化政策にことごとく不満を訴えて守旧派の喝采を集めていた。前述した通り処分案は「内決」の段階であり、政府のトップを除いて正確な内容は知らされていなかったと思われるが、それが「正式決定」として公表された場合、強烈な反応が華士族の間から生じる可能性もあった。これに対して留守政府内部は必ずしも大蔵省主導のもとに結束していたわけではなく、たとえば左院副議長の伊地知正治は、より慎重な処分を求める意見書を提出して大蔵省を牽制している。

さらに、大蔵省に広範な内政の権限が集中する一方、正院は最終的な決定権を持つとはいえ行政権は各省に握られ、「唯空権を握り、虚位を頼て其中間に居」るという状態にあった。そうしたなかで、参議の西郷や大隈は内務省を創設して民政を大蔵省から分離することを企図しており、大蔵省と正院の関係も溝が深まってきていた。

また、使節団の側では大使の岩倉具視が吉田に「ちと急に過ぎたり」と秩禄処分計画に難色を示したが、政府決定である以上はいまさら変更できないと説得されて、渋々ながら認めている。前述したように、岩倉は廃藩前に家禄を禄券化して廃止することを自分の意見として出しており、現実主義の立場から秩禄処分の必要は認めている。また、彼はひとたび決まったことは必ずやり遂げるという、公家らしからぬ凄味のある人物でもある。しかし、実際に家禄の廃止を短期間で行うという具体的プランとして示されると、〝貧乏公家〟の困窮を肌で知っている彼としては、たとえ国家的利害が優先であっても華士族の窮乏も座視できず困惑した。太政大臣三条実美に対しては、「今少寛容の御処置に出候様、偏に懇願」すると再考を求めている。

木戸孝允の憂慮

政府首脳で秩禄処分の問題について最も苦悩したのは、井上馨の兄貴分というべき木戸孝允であろう。彼は「アラビア馬」と呼ばれた井上や大隈重信など改革派のリーダーと目されてきたが、実際に欧米に来てみて彼我の進歩の差を思い知らされてすっかり意気消沈し、森などの「西洋かぶれ」に憤り、また弟分ながらライバルの大久保に心服するようになった伊藤博文との確執などから、非常に神経質になっていた。そうしたおり、吉田が政府の内決としてワシントンに持ち込んできた井上の処分計画は、ヒューブナーに急進主義者あつかいされた彼の見込みをも上回るものだった。木戸は吉田の説明に岩倉が難色を示すのを横で耳にしながらも、日本にいた時分は秩禄処分を積極的に推進した手前からか、表向きは「初より此議論に同論にて、頗《すこぶ》る周旋尽力」するとの姿勢を吉田にみせたようである。井上のほうも木戸は当然ながら処分案に賛成すると思っていたようで、二月一四日付の書簡で立案の経緯を伝え、「木戸先醒《せんせい》は御満足と相考へ申候」と述べている。

しかし、この日の『木戸孝允日記』をみると、木戸は「今日是を所置す過刻に似、また其術を得ると思わざるものあり」と感じ、「切に後来の為如何を深案」したという。そもそも彼は、前述したように出発直前の一一月一〇日に、留守政府の最高官である太政大臣三条実美に送った書簡で、徴兵制度による常職廃止と秩禄処分を実施するにあたっては、「旧士族の安堵仕り候様御所致これありたく」と求めており、九月一二日に倉敷県知事伊勢華《さかえ》に宛てた書簡でも「不日御出発にも相成申すべき禄制之儀は、抑末にて得と衆議を尽くし良法を定め、俄に〔士族が〕困却仕らざる様に御処致これあり度存じ奉り候」と述べているように、けっして士族層の急速な崩壊を望んだわけではない。「旧士族の安堵」こそが彼にとって最も根本的な課題であった。なぜなら、士族の瓦解が大きな社会的混乱を招くことは必至であり、くわえて彼は知識のある士族を国家に不可欠な人的資源と認識していた。つまり、士族を無為徒食の状態から遠ざけ、一方で切羽詰まった者が風俗営業など「賤業」に走らないように心がけながら、国家建設への積極的貢献に導いていくべきだと考えていたのである。にもかかわらず、井上の構想は士族の将来をあまり配慮しない内容であり、秩禄処分と同時に着手すべき保護策が欠落していた。

後輩の井上をはじめとする「開化家」の独走に、はるか遠い異国の地で木戸はいまさらながら深い憂慮の念を抱くこととなる。当時ドイツ留学中だった青木周蔵《しゅうぞう》がロンドンで木戸に面会し、プロシアにおけるユンカーの現状と比較しながら日本の華士族の将来を論じて保護を訴えたのに対し、「木戸翁は、聞き了《おわり》て落涙数行」という話は彼の苦悩をよく伝えている（『青木周蔵自伝』）。木戸は留守政府の首脳たちにあてて、家禄を一時に奪えば華士族が困窮することや、禄制の由来など各種の事情をふまえたうえで内決をみるに至ったのかと、遠回しな言い方で秩禄処分案への不満を表明し、「朝廷の御厄害に至らざる儀、肝要に御座候」と士族の保護を求めた。

政府の指導者たちは、このように姿勢が一定しない状態にあった。また、地方経営は端緒についたばかりであり、秩禄処分実施の現場担当者となるべき地方長官たちは、多大の努力を払ってようやく士族を掌握している段階であった。結局のところ井上は、政府の内外を問わず急進的な秩禄処分が断行できるようなリーダーシップを発揮することができなかった。

徴兵令と「常職」廃止

秩禄処分を行うに際しては、家禄支給の名目となっている武士の常職を徴兵制の採用によって廃止するとともに、万一にも秩禄処分を理由に蜂起する動きが現れたような場合に鎮圧できる軍事力が必要だった。このうち徴兵制に関しては、明治五年（一八七二）一一月二八日の「徴兵告諭」をもって、士族を「世襲座食」と糾弾するとともに、「士は従前の士に非ず、民は従前の民にあらず、均しく皇国一般の民にして、国に報ずるの道も固《もと》より其別なかるべし」と国民皆兵の方針が示される。このあとに続く「血税」という言葉が大きな誤解と騒動を生んだことはあまりにも有名だが、つづいて翌明治六年一月一〇日に徴兵令が制定され、家禄問題とならんで「内地政務の純一」の基礎となる士族の常職廃止は達成された。これにより、家禄支給の根拠は抹消されるとともに、職業階層としての斉一性が士族から最終的に奪われる。天下国家に対する献身と忠節は、武士の職分から「臣民」一般の義務へと変貌した。

しかし、「全国四民男児二十歳に至る者は、尽《ことごと》く兵籍に編入」するとしてパニックまで生んだものの、財政的制約にくわえて山県が軍隊教育の充実による少数精鋭主義の立場をとった結果、実際に軍隊に召集される人員はきわめて限定され、広範な免役条項が設けられた。したがって、さしあたって軍の主力は「壮兵」と呼ばれる旧藩兵のよせ集めにすぎなかった。各地では徴兵令や学校経費の取り立て、伝統的風習の強制的廃止など留守政府の施策に反対する大規模な農民一揆が続発していたが、地方長官は遠方から小兵力で派遣される鎮台兵よりも近隣の士族を頼りにする状態で、これでは鹿児島を筆頭とする旧藩士族の軍事力が広範囲で暴発した場合、明らかに政府軍の困難が予想された。そして、万一にも外国と武力衝突が生じた際は士族の動員が避けられなかった。逆にいえば、内外に緊張状態が存在するかぎり当面は軍事への反対給付として士族に家禄支給を続行し、彼らを温存しつつ有事に備えるべきだという理屈も成り立つ。次章でみるように、政局を揺るがす大問題となった征韓論が常職を失った士族の間で反響を呼んだのも、こうした文脈で説明が可能であろう。

妥協案への後退

このように、急速な秩禄処分の断行は政府内の抵抗が強く、また前述のように外債募集も思うように進んでいなかったので、井上馨は現状では障害が多く着手困難と判断し、明治五年（一八七二）六月九日に大隈重信と連名で、財政的困難などを理由に「士族卒禄は先《まず》着手仕らず」と、当初の計画を棚上げすることをアメリカ滞在中の吉田清成に通知した。そして、翌一〇日に発せられた大久保への報告書類では、「華族の禄制だけは先日ご覧に入れた方法で実施できるように正院に内々に申し出ているが、たぶん同意してくれるだろう」といったことが述べられている。詳細は不明だが、全体的な処分は財政的限界があるので、とりあえずは華族の禄制から手をつけようとしたのであろう。井上が当初の積極的な姿勢から弱気に転じたのは、秩禄処分断行の条件が十分に整わないことに加え、彼の立場が留守政府内で孤立していたこともあげられる。

留守政府は、すでに指摘した四民平等政策や徴兵制度のほか、電信の設置や新橋―横浜間の鉄道開通、学制発布、太陽暦採用、富岡製糸場開業など、近代化の基礎となる制度や事業を続々と実現させたが、各省側はいったん改革が進みだすと強気になり、この機会に乗じようと一斉に予算増額を大蔵省に要求した。くわえて軍部には、明治四年一一月に起きた台湾先住民による宮古島からの漂流民虐殺を根拠に、台湾への派兵を画策する動きがあった。一方、井上は、廃藩置県の後始末の最重要課題である秩禄処分と地租改正を優先して財政の健全化を図る方針を厳格に固守し、岩倉使節団との約定をたてに各省の歳出を抑制し、急速な開化政策のラッシュにブレーキをかけようとしていた。井上は、明治五年六月一〇日付の木戸宛書簡で、各省は財政という国家の基礎に配慮せず、無秩序な開化に傾斜して予算をつかみ取りしようとしていると批判している。

〔前略〕廃藩已前は生《せい》等の類、駈歩《かけあるき》と云様世人より誹謗を受候得共、今日は其勢を倒《さかさま》に致し候姿にて、何分御者え従ひ千里を致すこと不能《あたわず》、実に此形容にては三四年の内会計の窮迫、自今懸念至極に御座候。〔中略〕何分世間開化之なまぎきの人多人数に相成、実以生等の見込みとは相違候事多く、遺憾至極に御座候。（『世外井上公伝』二）

しかし、正院は華族の禄制を優先するという井上の計画に対しても「種々覆案《ふくあん》之次第もこれあり」と難色を示す始末だった。外債募集の困難という事実も彼らに根拠を与えている。正院との確執の緩和を優先させたい井上は、やむなく八月に従来の計画案を白紙撤回した。そのかわりに「稍寛宥之御処置《やや》」として、家禄の支給額を少しずつ減らして一五ヵ年で廃止するという「年々減却之法」と、八ヵ年分の金券に年一割の利子を付けて家禄の支給を打ち切るという「一時禄券之方法」の二本立のプランが設定される。井上は、当面は冷静に成り行きを見極め、秩禄処分に必要な条件の整備と大蔵省の主導権を確保しながら岩倉使節団の帰国を待ち、岩倉や大久保・木戸の手腕で留守政府内に生じた確執を除去したうえで正式に秩禄処分の実施方法を確定しようとした。そして、少なくとも明治六年の春には士族に禄券を発行する腹積もりだったらしい。一〇月一八日に木戸に宛てた書簡では「既に当冬諸大名の禄を廃する論も一決せり。又、来春は士族卒の禄券も発行するに決せり」と明言している。ただし、同月二二日の吉田宛書簡では、最初は政府が強制的に家禄を禄券に全面改定する方針だったが、禄券売買の融通や士族の就産に故障が生じた場合は責任がすべて政府に転嫁されかねないとし、これに対して任意に応じて禄券を発行すれば、士族が破産しても自己責任に帰着させることができると述べている。ようするに、岩倉使節団の帰国が延期されたうえ公債募集も進まない状態のなかで、家禄問題を一気に片づけるという二月時点の計画はまったく放棄されてしまった。

家禄の全国画一化

とはいえ、井上たちは当初の急進的な処分案が頓挫していく間、決して無為に過ごしていたわけではなく、家禄の支給形態の全国画一化はかなり進んでいた。この作業は、基本的には「適宜」になされた各藩の禄制改革にもとづく成果を、全国統治の中に組み込んでいくものであり、秩禄処分を施行するうえで不可欠となる禄制の内容的統一と、全体の数値を確定させた意義はきわめて大きい。

政府は廃藩断行から間髪を入れずして、一〇日後の明治四年（一八七一）七月二四日に全国の藩に士卒禄高人員帳の作成と提出を命じている。のちに家禄の代償として交付される秩禄公債証書や金禄公債証書の額面は、この数値を基礎に算定された。ただし、多忙なおりに短期間に作成されたため、形式の不統一や誤記など不具合が生じていた。また、前章でみたように、廃藩前の禄制改革そのものについても、卒や陪臣など切り捨てられた旧家臣団末端などの間に強い不満が存在しているが、そうした対立関係について、政府は基本的には諸藩庁の措置を追認する立場をとっている。いいかえれば、禄制改革をめぐって藩庁と家臣団との間で生じた対立を、今度は政府が一手に引き受けることとなった。

つづいて明治五年（一八七二）に入ると、家禄廃止計画が二月に正院の内決をみるのと時を同じくして、家禄の支給形態の内容的画一化を図っていく。実際に新県に地方官が着任し、旧藩庁の官員から事務を引き継いだのもほぼこの頃であった。具体的には次のような措置である。

・禄券法や帰田法の停止。
・隠居、悴、二三男など戸主以外の者に対する給禄の廃止。
・救助米や手当などの名目による家禄以外の給付打ち切り。
・家禄からの藩債支消への差し出しを免除。

ここで示された方針を一言でいうと、廃藩前に各藩で適宜に行われた禄制改革の成果をまとめあげていく一方で、さまざまな経緯によって生じた特例を切り捨てて、全体を機械的に一律化するというものだった。しかし、そのことは当然ながら多くの摩擦と矛盾をもたらす。さらに、同じ法令をめぐっても府県によって違った解釈で運用されることが往々にあった。

こうした画一化政策による混乱は、一月二九日から実施された卒身分廃止の際にもみられる。この措置は世襲の卒だけを士族とし、一代限りを民籍に編入する方針であった。しかし、足軽以下の者は一代限りの召抱えが建前であり、たとえば慶長以来の系譜を持つ卒の処遇をめぐっては、「一代限り」の名目をとることも「譜代」という実態をとることもできるなど、「世襲」の解釈には難しい部分があった。同格でも府県によって取扱いに差があり、寛大に解釈して士族に加えられる者がある一方で、一期半期の奉公人などと同列に並べられる場合もあった。そもそも、大名家臣団は家老から中間・小者にいたるまで多数の序列に分けられており、しかもそれが幕末維新期の軍制改革や人材登庸の過程でより複雑化していたため、これを一元化すること自体が激しい摩擦を生んだのである。

たとえば佐賀藩では、明治二年（一八六九）の軍制改革で諸隊を大隊に改変した際、旧足軽である卒の禄を四割支給に削減し、さらに卒は実態が世襲でも制度的には「一代抱」との原則で、彼らの給米を家禄ではなく恩典的な扶助米とした。戊辰戦争で矢面に立たされながら差別的待遇を受けた卒は憤慨し、改革を主導した江藤新平が虎の門で襲撃される事件も起きる。さらに廃藩で大隊が解散すると、士族は軍資金の拠出が解除されて家禄支給額が復旧したが、卒は前記の解釈によって回復措置が取られなかったので、彼らは不服を訴えて城下の神社に屯集した。佐賀士族が県庁を牛耳っている間は相手にされなかったが、佐賀の乱で地元士族の県庁内での勢力が凋落すると運動を強化している。

このように、元来は多元的であった家禄や身分の制度を中央の指令で画一化していく作業は現場でかなりの混乱をよび、不利益をこうむった者からの「不当処分」に対する苦情や訂正要求が殺到した。そこで政府は、明治六年（一八七三）二月三日に事態収拾を目的に太政官布告第三十五号を発し、禄高人員帳の記載および民籍編入に関する大蔵省への不服申し立ては三月三一日以後は受理しないと宣言しているが、そのような措置自体が急速な集権化で生じた矛盾の深さを物語っている。のちにみていくが、結果的には秩禄処分に対する士族の不満は禄制廃止そのものより、その前段階の処置に集中することとなる。ともあれ、秩禄処分全体の過程からみた場合、明治六年三月をもって大蔵省による家禄の全体的把握がとりあえず決着し、禄制の全面的廃止の実現を可能とする条件の一つが整った。このことはきわめて大きな意味を持っていたといえよう。

地方官会同と井上の辞職

各省と大蔵省との対立は明治五年（一八七二）の後半からさらに険悪化していく。岩倉使節団の帰国は遷延し、また調停に努めるべき正院と大蔵省との関係も微妙になっていた。バックアップ役とされた西郷隆盛は、山城屋和助《やましろやわすけ》への資金不正流用の嫌疑がかかった近衛都督山県有朋を排斥しようとする近衛兵の沸騰や、詰問状を突きつけて鹿児島から一歩も出ようとしない島津久光への対応に追われて多忙だった。大蔵省出身の参議大隈重信も積極的なサポートをしていない。

井上は孤立状態にあったが、そうしたおりに長々と外遊中の木戸孝允から「今日開化と称するものも、多く皮膚上の事にあつて、其心服如何と相考へ候。其形ちを変ずるに急にして、国力の損耗は問わざる如し」などと、留守政府全体への愚痴に満ちた手紙を送りつけられると、秩禄処分への慎重論を述べられたこともあって、ひどく感情を害した。民力を基礎とする漸進的開化を主唱している点では木戸と同論であるのに、むやみに予算の増額と急進政策を要求して対立している諸省の立場と混同されたのは、彼としては心外だった。井上は明治六年一月二二日にしたためた木戸への返書で「御文中には生抔《など》表面開化の魁《さきがけ》の様に思召され候哉に推読奉り候」と述べ、いろいろと自分の悪評を吹き込む者もいるようだが、これも身から出た錆で、たしかに不始末も多いことだから、遠慮なく首を切ってくれとの態度を示している。また、同時に親友の伊藤博文に送った書簡で「木戸先生より見捨らるれば致方も無之」とし、四方八方から敵視されてまったく馬鹿馬鹿しく、辞職して一介の商人にでもなりたいと嘆いている。

井上は明治五年一〇月に母を失った心労も重なったのか、一一月四日に辞職をほのめかしたまま家に引きこもって登庁せず、三条太政大臣や大隈、部下の渋沢栄一などに説得されて一月一四日からしぶしぶ再出勤したばかりだった。入れ代わるように、司法卿江藤新平が予算を大幅に削減されたことを不満として辞表を提出している。江藤は、地方官を通じて大蔵省が握っている裁判権を司法省の管轄に移管させ、それによって司法権の独立を図ろうとしており、予算問題以外でも井上と鋭く対立していた。あわてた参議たちは、司法省には正院から財源を捻出することとし、さらに工部省が独自に起債活動を行うことも認めようとしたが、今度は井上が越権行為だと激怒する。

その後、井上は気を取り直し、大蔵省の影響力の回復を図るため、地方官を強固に掌握しつつ、自らの主導で秩禄処分や地租改正など地方統治の根本方針を決定することとし、明治六年（一八七三）四月一二日から地方官会同を開いた。この会議は地租改正法案が審議決定されたことでよく知られているが、禄制は最初の議題となっている。

まず豊岡県（京都府北部と兵庫県北部）参事の田中光儀《みつのり》が、士族卒が家禄を返上して民籍への編入を願い出た場合に渡される救助金の額面や年限は、府県が管轄地の事情に応じて適宜に設定できるようにしてもらいたいとの建議を行ったが、別の議員からは府県の勝手に任せて処分すれば取扱いに差が生じ、どうしても不体裁になるとの反論が加えられ、この場で議論して一定の規則を設ければどうかと提案された。議長の井上は、もう少し禄制の実態を詳しく調査し、きちんと議案化したうえで討議したほうがよいとして、一〇日間の「見込調」期間を設定した（丹羽邦男『明治維新の土地変革』）。田中の建議など詳しい内容は不明だが、家禄返上への対応は地方官の適宜に任せてほしいと求めていることは、ただでさえ廃藩置県の後始末で事務多端なおりに、大蔵省の指令による禄制の画一化政策の強行で生じた不満に直面し、その処理にもいちいち本省に伺を立てなければならないことへの、現場の苛立ちを物語っていると受け取れよう。

延期を経て四月二九日に再開された会議では、正院から華族の禄制は当方で審議するから、地方官会同は士族の分だけ議論すればよいとの指令があったと伝えられている。華族と士族の禄制を別々の部署で策定することが、技術的に無理であることはいうまでもない。正院では一〇日前の一九日に、文部卿大木喬任《たかとう》（佐賀）、左院議長後藤象二郎（高知）、さらに反井上の先鋒である司法卿江藤新平（佐賀）が参議に転じていた。薩長出身の参議は西郷隆盛（鹿児島）と外遊中の木戸孝允（山口）だけであり、板垣退助（高知）・大隈重信（佐賀）とあわせて高知と佐賀の出身者に比重が偏ることとなる。大蔵省の独走への反感をみなぎらせた正院からの横槍に加え、禄制の審議を継続することの可否をめぐっても議員の間で紛糾が生じた。この時に大蔵省十等出仕だった佐伯惟馨《いきよう》は後年、「其時の地方官先生は士族の禄制という事が土台分らぬ。どうして宜《よろし》いものやら訳が分らぬ」という状態であり、とうとう井上が「もう是は何程《どれほど》言うても迚《とて》も分らぬ」として会議を打ち切ったと回想している（『世外侯事歴維新財政談』）。地方官たちは自分が抱えた家禄支給の事務に精一杯であり、とても全体的な禄制を論じる余裕はなかったということになるだろう。

もっとも、彼らも頭では禄制を永続させるべきではないとの考え方は持っている。たとえば鳥取県権参事の関義臣《よしおみ》は「華士族身分家禄御処分之れなくんば、何を以《もっ》て天下の会計立つべき御目論あるべきや」とし、「貫属を土着せしむるに如《し》くなし」との趣旨で議案を提出している。しかし、その内容は土着した士族の禄米を村内で農民の貢米から回すというもので、士族の禄を村が直接抱えるという考えだが（『関義臣文書・地租改正方法草案』）、あまり現実的ではない。

禄制問題の審議は結局のところ何ら成果をみることがなく、「命令決議」により井上自らによって打ち切られる。さらに五月二日には、正院の決定権を肥大化させて陸海軍を含む各省への介入を可能とする太政官職制の改革がなされた。官制改革は岩倉使節団との約定で禁じられていたので、「潤飾」という聞きなれない名が付されたが、これは事実上の大改正である。その意図は大蔵省の権限を大幅に封じ込めることにあった。

狙い撃ちにされた井上は、政府財政が巨額の赤字にあることを示した一文を残し、五月七日に配下の渋沢栄一とともに辞表を出す（一四日依願免官）。留守政府は木戸のいう「表面開化」に反発した農民一揆の激発にみられる国内不安に直面し、士族もうわべは生活の維持に忙しくて平穏な様子だったが、集権化による地域社会への介入や開化政策による文化的伝統の破壊への不満は発火寸前までくすぶっている。そうしたなかで、井上という頑固な金庫番を放逐した結果、留守政府は急速に外征論へと傾斜していくこととなった。

井上馨は、異論が周囲にあることを覚悟のうえで、急進的な秩禄処分案を設定した。背景には、廃藩置県の成功に自信を強めた政府の楽観主義がある。しかし、結局のところは留守政府にそれを実行しうる基盤や結束力がなく、現実に押されるかたちで画餅に帰してしまった。彼は先見の明がある政治家で、フィクサーとしては大いに手腕を発揮しているが、政策担当者としては、後の鹿鳴館外交や朝鮮の内政改革にみるように、姿勢が強引な割に粘りがなく、挫折することが多かった。秩禄処分の断行は、決断力と実行力が備わった大久保政権にして可能だったのである。ただし、「内地政務の純一」を任された留守政府の家禄対策は、一律の方式による禄制廃止の基礎を確立したものであり、この前進に井上は大きく貢献した。彼の伝記である『世外井上公伝』二が「秩禄処分の実施は、公が大蔵大輔退職後に行はれたが、その基礎となるべき各種の調査は、公が在職中に完成したものであつた」と胸を張っているのも、あながち誇張ではない。

第四章　大久保政権の秩禄処分

征韓論政変と大久保政権の成立

明治政府の抱える外交的懸案は何よりも条約改正だったが、近隣との関係では朝鮮との外交が大きな問題となっていた。朝鮮との国交交渉は、明治二年（一八六九）に王政復古を通告する国書が、「皇」や「勅」の文言は慣例に違反すると受理を拒絶されて以来、ほとんど進展していなかった。

外務省は政府に対して明治三年（一八七〇）四月に、①交渉を中止して断交状態に置く、②正式な国使を派遣する、③とりあえず朝鮮の宗主国である清国との国交を先行させるという三つの方策を示した。このうち清国との外交関係締結は明治四年（一八七一）七月の日清修好条規で実行されたが、朝鮮との交渉は明治五年九月に廃藩置県にともなって釜山の倭館が旧対馬《つしま》藩から接収された後は凍結され、事実上の断交状態となる。ただし、朝鮮との外交は長期的には重要ではあったが、短期的には緊急な問題でもなかったので、たとえば岩倉使節団の帰国まで事態を静観することも可能だった。しかし、残る選択肢である国使派遣というカードはいまだに使われていなかった。そして、明治六年に入って朝鮮の東萊府《トンネ》が発した「無法之国」と日本を糾弾する文書が、釜山の倭館の門前に掲示されたとの情報が入ると、板垣退助は即時出兵を唱えたが、西郷隆盛はこれを抑えて自ら遣韓使節を買って出る。留守政府の首脳は承認したが、正式決定は岩倉使節団一行の帰国を待つこととなった。

しかし、国使派遣という方策はトップリーダーが予備交渉なしに乗り込むというものので、後退不可能な強い措置だった。たとえ西郷のいうように丸腰の烏帽子直垂姿《えぼしひたたれ》であっても、朝鮮側にとっては軍艦と同様に威圧的である。そして、万一にも一国の代表が乗り込んでいって何ら成果なく、まるで子供の使いのように手ぶらで帰国したならば、国権に敏感な日本の士族たちは憤激し、西郷の声望のみならず政府の威信まで丸つぶれとなるであろう。当時の朝鮮は国王高宗《コジョン》の父親である大院君が実権を握って「衛正斥邪《えいせいせきじや》」を国是に掲げ、襲撃してきたフランスとアメリカの艦隊の撃退に成功して大いに意気軒昂だった。また、明治政府に対しては、友好関係にあった徳川幕府の権力を奪ったうえ西洋人と結託していると敵視している。したがって、西郷が述べたように朝鮮側が彼を「暴殺」するかはともかくとして交渉成功の見通しは非常に暗く、武力行使につながる可能性がきわめて高かった。それゆえ、この問題は当時から単なる「使節派遣」としてではなく「征韓」として一般的に解釈されたのである。

朝鮮の態度を「無礼」ととらえる根底には、神功皇后《じんぐうこうごう》の〝三韓征伐〟伝説など維新前から存在した朝鮮への蔑視意識が存在するが、かりに征韓を意図した場合でも「無礼」だけでは名目が整わない。一応は説得を試み、相手の拒絶を理由に「討伐」するという順序を踏んだほうが、豊臣秀吉のようにいきなり出兵するより名分が整い世論を糾合しやすい。説得を経て朝鮮を攻撃するという方策は、すでに幕末の段階から対馬藩重臣大島友之允《とものじょう》によって構築されており、西郷も明治六年（一八七三）一〇月一七日に政府に示した「遺韓使節決定始末」で「曲直判然と相定候儀、肝要の事」と訴えている。彼の意図は、万延元年（一八六〇）に清国から沿海州を奪い、日露雑居の地とされた樺太をも併呑しつつあるロシアとの戦略的対抗上、朝鮮を日本の意向に従属させることにあった。ただし、やみくもな外国攻撃は国際関係を乱し、宗主国の清国や西洋列強の介入を招く危険性があった。ところで、西郷は名分を整え曲直を判然とさせる必要は説いているものの、戦争となった場合の作戦計画は必ずしも具体的ではなかった。

西郷は、一部の人々が誤解したように朝鮮と即座に戦争することを主張したわけではなく、戦時体制を日本にもたらすことを通じ、まず国内の態勢を大いに変革しようとした。たとえば司法大輔佐々木高行は、西郷の意図は士風を鼓舞して風紀を是正することにあると推察し、さらに当時の陸軍少輔だった鳥尾小弥太は「今日の計は、断然武政を布きて、天下柔弱軽佻の気風を一変し。国家の独立を全うする為には、外国と一戦するの覚悟を取るを以て上計とす。是れ国を興すの早道なり」と西郷に説いて賛同を得たと後に回顧している（『得庵全書』）。

西郷は万国対峙の国家建設に向けた改革の責任者として、士族の特権解消を推進する立場に身を置いた。しかし、実際には参議は各省の政策への発言権が弱く、傍観者の立場に置かれる。さらに、「文明開化」の名による西洋物質文明の無秩序な導入と、拝金物欲による社会の道徳的退廃に違和感を抱いていた。こうしたなか、あるべき維新の道義を回復し、方向を失って「内乱を冀《こいねが》う」士族たちの鬱屈した気力の噴出口として征韓を見いだしたのである。

一方、大久保利通は岩倉使節団での欧米体験を通じ、西洋列強の工業力と社会の発達を実感している。そして、今後の日本は産業の育成によって着実に国力を強化することが急務であると認識し、資本主義化に本腰を入れようと決意して帰国したところだった。親友の西郷が、何も朝鮮に対して即座に武力を行使しろと叫んでいるわけではないことは彼も十分に承知していたであろうが、責任ある為政者としての立場から、多分に観念的な西郷の考えを不可とした。

西郷派遣は閣議決定されたが、太政大臣三条実美が論争の処理に窮して一時的に錯乱状態となり、職務を代行した右大臣岩倉具視が宮廷工作を通じて決定とは反対の上奏を行い、明治天皇の裁可を得たことによって覆される。そして、これに抗議した西郷や板垣退助・江藤新平・副島種臣・後藤象二郎の五人の参議が辞職した。いわゆる征韓論政変（明治六年政変）である。

旧薩摩藩の強力な軍事力を温存する鹿児島県士族の割拠は、政府にとって廃藩前からの弊害だった。王政復古の最大の功労者で、鹿児島士族の統率者である西郷隆盛は、明治四年に参議として政府中枢に入り、調整に努めてきた。彼の存在なくして廃藩置県は不可能だったともいえる。しかし、征韓論政変によって西郷は中央政府との関係を絶ち、陸軍少将桐野利秋《きりのとしあき》・篠原国幹《しのはらくにもと》ら側近とともに帰郷する。一方、近衛将兵たちは御親兵として上京して以来、長らく故郷を離れ、規則による拘束に嫌気がさし、とはいえ出動の機会もないなかで退屈しきっていたが、そうしたなかで征韓論が持ち上がり、機会到来と盛り上がっていた。ところが政変で彼らの期待は水泡に帰し、西郷・板垣らが政府から離れると、彼らの手兵というべき鹿児島と高知出身の近衛将兵は、天皇の説諭にも耳を貸さず後を追い、さらに一部の警察幹部や文官の間にも同調して政府を離れる者が現れた。そして、東京の混乱は熊本鎮台などにも波及し、鹿児島分営は放火と思われる火災で焼失し、士官全員の辞職によって瓦解した。また、集権化政策や欧化政策などに反発していた士族は征韓論政変で大いに刺激され、とりわけ前参議江藤新平の出身地佐賀では、士族が征韓先鋒を要望して気勢をあげていた。

しかし、政局の混乱そのものは早期に収拾される。鹿児島・高知の軍人も近衛を除けば過半は政府に留まった。政変後に成立した政権は一般に「大久保政権」と呼ばれる。大久保が卿（長官）となって明治六年一一月一〇日に新設された内務省は、管轄が警察や勧業から衛生、運輸通信にいたるまで内政全般にわたり、その権限は非常に強力だった。ただし、彼の地位は三条太政大臣や岩倉右大臣の下位にあり、独裁的に権力を行使できたわけではない。それでも、重要な政策決定は最終的に大久保の決断に委ねられることが多く、強力なリーダーシップを持つ彼を中軸に、大蔵卿大隈重信と工部卿伊藤博文が両脇を固めるようなかたちで主流派が形成され、政府が運営されていく。

周知の通り、板垣退助や江藤新平、副島種臣、後藤象二郎ら辞職した参議たちは、いち早く帰郷した西郷を除いて明治七年一月一七日に提出された民選議院設立建白書に連署し、現政権は一部の実力者が公論に従わずに専制を行っていると非難する。政変後の不平士族の運動は政府中枢にあった人物によって主導され、対外強硬論や参政権拡大など多くの人々が共鳴しうる目標を掲げていた。この点は、最初から政権に排除された攘夷論者などが主体だった従来の反政府運動と大きく異なる。軍事指導者である西郷と板垣は下野した者に軽挙妄動をいさめて統制に努めた。しかし、政変への憤激はテロと反乱を誘発させ、結果的に政府に反撃の機会を与える。

まず一月一四日に、西郷の朝鮮派遣を阻止した右大臣岩倉具視が赤坂仮皇居から帰宅中を高知県士族武市熊吉《たけちくまきち》らに襲撃され、咄嗟に堀に飛び込んで難を逃れるという暗殺未遂事件が起きた（赤坂喰違事件）。一方、佐賀県では士族が県令岩村通俊《みちとし》と深刻な対立関係にあったうえ、征韓論政変で下野した前参議江藤新平を担ぐ征韓党と、開化政策に批判的で元侍従の島義勇《よしたけ》を頭目とする憂国党が、それぞれの立場から大久保政権を批判し、さらに鹿児島士族の決起に過度の期待を寄せて不穏な動きを示していた。そうしたさなか、二月一日に県の公金を扱う小野組出張所が士族に襲撃され、政府は熊本鎮台に鎮圧命令を下した。鎮静を目的に帰郷した江藤新平や島義勇は、軍人である西郷・板垣と異なって興奮した士族を収拾することができず、さらに新県令岩村高俊《たかとし》（通俊の弟）の挑発に乗せられ、「夫れ国権行はるれば則ち民権随て全し」と唱えて決起する。一八日には入県した岩村と護衛の熊本鎮台兵を佐賀城から駆逐して占拠した。

佐賀の乱は、政府軍の出動が遅れれば熊本や鹿児島の士族も呼応して九州全体の騒乱となり、そうなれば高知や岡山、鳥取、鶴岡などにも飛び火する可能性もあった。警察機構は十分に整備されていないうえ、軍隊にも征韓論政変の余燼がくすぶっていたので、政府側の危機は西南戦争より深刻だったといえる。そこで、大久保内務卿はただちに軍事と裁判の権限を臨時に委任されて九州に向かった。江藤らが鹿児島など他県の士族が加勢するのを待っている間に、政府側は電信線で情報を正確に把握し、蒸気船でいち早く鎮圧部隊を送り込む。さらに佐賀の中立派士族を味方につけ、熊本など近隣への波及をさまざまな工作で抑えたので、孤立した佐賀士族は徹底的に鎮圧された。三月一日の佐賀城陥落を前に脱出した江藤は、かくまってもらおうとした西郷から追い払われた末に高知県内で捕縛され、簡単な裁判を経て四月一三日に打ち首獄門となった。淡白な記述で有名な大久保の日記が「江藤醜躰笑止なり」と露骨な敵意を示していることもあり、江藤に対する大久保の処置は冷酷無情とされるが、これは事前に政府首脳の合意を得た処置で、江藤の軽率に憤り醜態を嘲笑した大久保の個人的差しがねではない。ただし、大久保が陣頭に立っての早期鎮圧は、軍事活動のみならず機会をうかがう不平士族を圧伏する政略でもあり、戊辰戦争で鶴岡藩や榎本武揚に対して示されたような敗者への「武士の情け」はなかった。

家禄問題の再討議

征韓論政変による混乱が一応は収束された明治六年（一八七三）一一月二六日、家禄処分に関する閣議が再開される。政変後の参議は大久保利通・木戸孝允・司法卿大木喬任・大蔵卿大隈重信・工部卿伊藤博文・海軍卿勝海舟・外務卿寺島宗則であった。なお、大久保はこの三日後に内務卿に就任している。『大久保利通日記』によれば、二六日、右大臣岩倉具視の邸宅に参議が集合して禄制についての評議を行い、とりあえず家禄に禄税を賦課することが決められた。具体的には、明治五年二月の大蔵省原案、さらに井上馨の妥協案である年々減却之法や一時禄券之方法をたたき台にしたうえで、いずれも否決される。また、大隈重信が提示した、任意により家禄の代りに禄券を与えるという家禄奉還制度も可決できず、禄制の最終処分については翌年に再び議論することとなり、家禄税の創設だけが決定された。あわせて、家禄に課税することへの批判に対処するため、勅任・奏任の官員に対する俸給にも官禄税がかけられることとなる。なお、征韓論争の際に心労で倒れた太政大臣三条実美と、帰朝後に体調を崩していた木戸孝允は会議を欠席した。

一一月二九日は明治天皇も臨席して再度の評議が行われた。岩倉具視は禄税を実施して翌年に家禄の最終処分に取りかかるというプランはやや急に過ぎると難色を示し、伊藤博文や寺島宗則は、この問題は参議だけで決定するのではなく、地方官を招集した会議などに諮るべきだと述べたが、いずれも少数意見で、方針はほぼ確定した。なお、木戸はこの日も欠席した。洋行中から秩禄処分に慎重論を唱えだした木戸が、今回の措置に不満を唱えることは明白だったが、そのまま無視するわけにもいかないので、長州閥の弟分にあたる伊藤博文が書面で家禄税創設の方針決定を伝えている。

はたして木戸は大いに不満を感じた。前章で述べた通り、五月に大蔵大輔井上馨が辞職した際、ついでに政府財政の危機的な状況を新聞に公表し、自らの緊縮財政論への批判に反撃した。これに対し、大蔵省事務総裁として財政を引き継いだ大隈重信は、政府刊行物である『太政官日誌』に財政には余裕があると歳入出見込表を掲げて反論している。工業化に積極的に財源を投入する大隈と、健全財政論者である井上のライバル関係はここに始まるが、木戸は半年前に大隈が示した数値を持ち出し、新税は歳入不足を補う場合にのみ設けられるべきで、財政に余裕があるのに禄税を賦課するのはおかしいとした。そして、士族が禄を有するのはちゃんとした経緯があり、政府案は国家的にみて万全の策ではないと批判する一方、一昨年に自分が示した禄高の三分の一を貯蓄するというプランへの未練を示している。

木戸は来宅した伊藤から政府決定の詳細などを聞いて熟談に及んだが、翌日の伊藤宛の書簡で、「今の政府にはついていけないところが多々あり、一年ほどゆっくり保養したいと希望を出しているが許してもらえず、この上は雲隠れの他に手段がなさそうで進退に窮している。しかし、自分の秩禄処分プランを実行してもらえるなら閣議に出頭してもよい」などと、すねた言い方をした。伊藤は困りはてたが、木戸の言うことにも一理はあると考える。そのうえ、鹿児島と高知のリーダー的存在だった西郷・板垣が下野し、有力な政府反対派が形成されつつある時期に、長州閥の重鎮である木戸まで政府を離れてしまえば、また政局が不安定となる。そこで伊藤は岩倉と大久保に木戸の意向を伝えて妥協を求めた。しかし、彼らは王政復古以来、ひとたび決断したことを断固としてやりぬいてきた人物である。岩倉は木戸の論にもうなずける点はあると感じ、家禄の廃止については一〇年から一五年ぐらいの期間をかけてもよいと穏便な腹案を持っていたが、禄税は天皇臨席のうえで決まったことであり、朝令暮改は認められないとした。そして、すでに決定した以上は横やりが入らないうちに一刻も早く布告すべきだと大久保に述べる。一方、大久保は「禄税の義、第一差急ぎ候訳と存じ候」とする岩倉からの書簡に対し、「御旨趣御尤に存じ奉り候」と簡潔に答えた。

木戸孝允の士族論

この間、木戸は慢性の頭痛に悩みながらも家禄税反対の意見書を書き上げ、一二月七日に伊藤博文を通じて政府に提出した。この文章からは彼の士族に対する評価の根本がよくうかがえるが、おおむね次のようなことが述べられている。

「政治の要諦は利と義の得失を顧慮することにある。両者を全うしなければ他日に必ず弊害が生じるだろう。士族の禄は彼らの先祖の功績に由来する。それゆえ家禄は二百年にわたり継承され、子孫は廉恥を守り諸芸学術の修練に励んできた。そして、国家の保護は士族にゆだねられ、士族もそれを職分と自任してきた。しかし、時勢が変遷して国家を保護する任務は士族だけに限られなくなり、義務を全うしない者を食わせる理由はないので、禄制を変えるのもやむをえない。このため家禄の削減措置がとられたが、その結果として貧窮に悩む者もあらわれてきた。さらにまた禄税を設け、家禄を処分すれば彼らはどうなるのか」。

続けて木戸は、士族に苛酷な処置をとるのは「義」を優先するあまり「利」＝国益を見失っていると政府の姿勢を批判し、「政府既に士族の力に藉《か》りて以て国家を保護するも亦屢《しばしば》なり」と訴えた。さらに、人民の人民たるゆえんは国家のために自分の義務を尽くすことにあると述べる。しかし、長らく農工商が家業に専念するように振り向けられていた結果、残念ながら「廉恥を知り愛国の念を存し、国の為に義務を尽さんと欲する者」はもっぱら士族のみであるとしている。

廃藩前の木戸は、守旧派がつねに排斥を図ってきた大隈重信を庇護し、アラビア馬のあだ名を持つ井上馨の背後に立って開化派を主導してきた。しかし、彼は幕末の志士活動を通じて世論の威力を熟知しており、民治の安定を重視する立場でもあった。そして、岩倉使節団での体験を通じ、維新以来のさまざまな新政策が必ずしも実を結んでいないのは、西洋文明の由来を考慮せずに表面のみを導入しているためと感じ、産業近代化の決意を固めた大久保とは対照的により漸進的な立場に転じている。また、文明の実とは人々が国のために義務を尽くすことであり、そのためには道徳心を持つ者による誘導が必要だと考えた。したがって、国民全体に義務を尽くさせようとするならば、士族が恒心を捨てないように保護策を設けるべきだとした。

閣議の決着

明治六年一二月一二日に開かれた閣議では、木戸の意見書提出を受けて家禄税が再討議された。一方で、大隈からは家禄奉還制が再び提起されている。大隈は、家禄税創設だけでは士族は納得しないかもしれないが、家禄奉還を同時に実施すれば人心を安堵させられると述べ、勝海舟も大いに賛同した。一方、木戸に賛同する者は伊藤だけだった。伊藤は木戸の顔を立ててひととおり禄税への反対論を蒸し返してみたが、岩倉にそんなことを今頃になって言っても無益だと叱られると、あっさりと引き下がっている。閣議の流れはいつものように岩倉と大久保が主導し、家禄税・官禄税の創設は予定通りとした。ついでに家禄奉還制の実施もほぼ決定される。大久保の日記によれば一四日にも会議があった。その内容は不明であるが、「凡《およ》そ決定す」とあるので大体の内容がここで確定したのだろう。

一五日、木戸は岩倉に抗議をこめて書簡を送った。その中で彼は、禄制に慎重に取り組むべきことは岩倉使節団で外遊中に何度となく言上しておいたが、今日にいたるまで士族をどのように処置するのかについて評議されたことはなかったと批判する。さらに家禄は家産ではないはずだが、課税することは家禄を華士族の所有物と公認したのも同然で、それ以上の処分ができなくなるのではないかとし、前途の見通しを細密に考慮したうえで実施に移すべきだと論じている。こうした木戸の強硬な意見に、さすがの岩倉も木戸宅を訪問するなど動揺したが、一二五日に最終の決定が下り、二日後の一二月二七日に禄税の賦課が明治六年太政官布告第四百二十三号として、さらに家禄奉還が明治六年太政官布告第四百二十五号として公布された。

家禄税の賦課

家禄への課税を宣告した明治六年太政官布告第四百二十三号の布告文は、以下のとおりである。

即今内外国事多端、費用も夥《おびただしき》の折柄に付、陸海軍資の為め明治七年以後当分の所、別冊の通、賞典禄を除くの外、家禄税設けられ候条、此旨華士族へ布告すべき事。

また、第四百二十四号布告として華士族禄税則が達せられ、禄高ごとに禄税の石高が定められているが、家禄六万五〇〇〇石―五石までを三三五段階に区分し、最大三五・五パーセントから最低二パーセントの率で賦課するというものである。六万五〇

○○石の税は二万二七五〇石で、五石だと一升になる。五石未満は課税されなかったが、このクラスは諸藩の禄制改革でもほとんど削禄を受けていない。これは、最下層の士卒を優遇したというより、それ以上の削減は生活不能に追い込むと解釈されたのだろう。家禄五石以下の総計は二六万四〇〇〇石弱で、この数字を単純に五石で割ると五万二八〇〇という数値になる。明治五年の『日本全国戸籍表』によれば、士族卒の戸数は四二万五八二七であり、最低でも一二パーセントは五石未満の微禄であったことになる。なお、明治五年の卒廃止によって一万七〇〇〇戸が平民に編入された。

大蔵省財務課の推算によれば、華士族の家禄は全部で四六七万八二八七石で、禄税の総額は五〇万五七七八石となった。したがって、全体では一割一分の削減となる。華士族の家禄を一律に三分の一減にしてから処分を行うという、明治五年に井上馨たちが立案したプランにくらべれば寛大な措置といえる。しかし、大蔵省にとって禄税と家禄奉還は布告文に「当分の所」とあるように、禄制の最終処分方針を決定するまでの過渡的な措置だった。あまり華士族に苛酷な案にこだわれば、木戸以外にも参議の中から反対者が現れ、急進的な案を持ち出して結局は頓挫した井上の二の舞となる可能性もあったので、とりあえず最低限の要求で手を打ったといえる。

ただし、木戸が指摘したように、課税対象となった以上は地租を賦課された農民の農地と同様、家禄も所有権が公認されたとの解釈を生むおそれがあり、この点は政府も考えなければならなかった。そこで、禄税は財政の不足を補うのではなく、常職を離れてなお家禄を手にする代償として陸海軍に資金を差し出すという名目がとられた。なお、岩倉具視は家禄税の趣旨を華士族に理解させるため、書面を地方官に与えて説諭を求めている。その内容は、「華士族は禄の根拠となっている軍事奉仕の義務から離れたので、すぐにも有名無実となった家禄を全廃することは可能だが、それでは生計の手段を持たない彼らが困窮するだろうから、政府は温情で家禄の支給を続けている。せめて軍隊の充実に役立つように禄税を差し出し、さらに政府の保護に甘える態度を捨てて一刻も早く自営の手段をたて、国家に報じるように自助努力をせよ」というものである。軍事を持ち出せば士族としては反論しにくく、また名目上は家禄削減ではないので、旧藩の時代に半知・借上・上米などに慣れていた士族に強い抵抗感はないだろうとの計算があったと思われる。

家禄奉還制の創設

家禄奉還制を提議するに際し、大蔵卿大隈重信は稟議書を政府に提出した。そのなかで彼は華士族に対し、農商営業の自由を許されたのちも以前の習慣にこだわり、また家禄は長らく支給されるものと思い込み、自営の努力をしないまま無駄に数年を過ごしてきたと責める。しかし、たとえ政府の趣意を認識していても、薄禄の者は生活を支えるのが精一杯で、新規事業を始める知識を獲得したり資金を蓄積する余裕がないことも認めた。そこで大隈は、家禄を奉還した者に家禄の六ヵ年分を産業資金として下付すれば大いに便宜が図れるだろうとした。ただし、全部の士族が家禄奉還に応じれば資金が底を突くので、とりあえず一〇〇石未満の者だけにこの措置を適用することにした。

前述のようにこの提案は一二月一二日の閣議で承認され、二七日に明治六年太政官布告第四百二十五号として公布される。

華士族卒在官の外《ほか》、自今農工商の職業相営候儀、差許され候旨、去る明治四年辛未十二月布告候処、薄禄の者資本金これ無きより、其志を遂げ兼候輩もこれある哉に相聞候に付、特別の訳を以て別冊の通方法相設、家禄賞典禄百石未満の者に限り奉還聞届候条、望の者は其管轄庁へ願出るべく、此旨士族幷に元卒へ布告すべき事。
但、本文願出の向は禄税上納に及ばざる事。

これと同時に「家禄奉還之者へ資金被下《くだされ》方規則」と「産業資本之為官林荒蕪地払下規則」が制定され、家禄奉還に応じた者に対しては、世襲の家禄である永世禄は六ヵ年分、一代限りの終身禄には四ヵ年分が、現金と八分利子付の秩禄公債が半額ずつというかたちで支給された。また、官有の林野を代価の半額で払い下げるなど就産の便宜も図られている。これらに必要な経費は、吉田清成の外債募集によって得られた資金があてられた。

家禄を返上した士卒への帰農商資金付与は、明治三年（一八七〇）一一月から諸府県で五年分の一時賜金を支給するかたちで行われていたが、族籍の返上＝平民化が前提となっていた。この制度は明治四年（一八七一）一二月に華士族の帰農商が自由化されると廃止されている。ただし、その後も家禄三ヵ年分の一時賜金という条件で実質的に継続されてきた。右に比べると、永世禄六ヵ年分の付与というのは、半額が公債であったとしても非常に恵まれた条件である。なお、早稲田大学所蔵の大隈文書に残る規則案によると、もともと還禄者への資金における現金の割合は三分の一となっているので、閣議の過程で二分の一につり上げられたらしい。家禄の削減がないうえに従来よりも条件が割増しとなったのは、留守政府が立案したどの家禄処分計画よりも士族に有利だが、政府もかなりの配慮を示したといえよう。大蔵省としては妥協の産物で不満足だったと思われるが、全体的にみた場合、強硬な処分は井上馨が失敗したように政府首脳間にも強い慎重論が存在しており、また、なるべく早く士族を実業に就かせることが結局は治安と経済効率の両面でより有効と判断された。

ただ、士族の就産についてどこまでみるかに関しては、明治政府はあくまで自助努力を根本とした。たとえば、明治五年四月に大蔵省は、士族には禄や財産を手放した者が往々あり、救済策を講じなければ飢餓に陥りそうな状況だとしながらも、国民の一部を偏愛すればかえって怠惰な心を導くだけであり、政府への依頼心を切断して自力で生活を支える努力をするのが人民の本分天職だと理解させるべきで、貧困士族に対しては一時的なものを除き、貧民一般と同等の救助を施すべきではないとの方針を正院に示し、承認を得ている。

家禄奉還への反応

家禄奉還は任意であったが、窓口となる地方官の対応には差があった。たとえば豊岡県では県令田中光儀が、帰農商の努力を図れという「天朝の御趣意」に従って家禄奉還に応じるか、あるいは「徒食」を続けて「御上の厄介者」になるかを選べという告諭を行い、これを受けた戸長たちが士族に奉還を強制したので物議をかもした。しかし、浜松県では県令林厚徳《あつのり》らの判断で奉還を見送らせている。還禄者に対しては、たしかに開墾地用に官林払下げの便宜が図られるなど、就産への配慮が一応はなされていたが、それを斡旋する地方官の立場としては、原野の開墾は農事に慣れた農民でも困難な事業であり、奉還を認めても確固とした保護の方針がない限り、士族が資金を使い果たして窮乏に瀕するのは明らかだとして、政府の施策はあいまいに過ぎているとの不満が生じていた。

家禄奉還は明治七年一一月に家禄一〇〇石以上にも拡大される。しかし、全国的にみると奉還に応じた士族の割合にはかなり高低があった。たとえば鹿児島は奉還率が皆無に近く、佐賀・山口も一割に満たない。一方、新潟や三重は半数を超えている。下級武士の勢力が強い西南雄藩において奉還率が低く、旧家臣団の勢力が温存されたとの見方もあるが、士族の帰農商に対する積極性や収益のある副業の有無、先に指摘したような地方官の認識、さらにリーダー的な士族の意向なども反映されているといえよう。

家禄奉還と禄税の賦課に対し、一般からはとくに不満を唱える意見は出ていない。ただ、当時文部省中督学でのちに大審院判事となる西潟訥《にしがたとつ》は、六年分の家禄に加えて、地価の半額で官有の土地を払い下げるというのは、実際には一二年分の禄を与えるに等しいと評したが、同時に府県の地勢には優劣の差が大きくあるので、一律の措置はかえって不公平だとしている。また、陸海軍の資金を拡充する必要はなく、それ以上に外債の処理のほうが急務ではないかと禄税の使途にも疑問を示している。そして、士族の家禄を厳格に処置して彼らを路頭に迷わせるのも、人民の膏血をしぼって無用の禄に費やすのも、いずれも得策ではなく、このうえは早急に華士族の家禄を一時に給与して禄制を廃止してしまうのが適当ではないかとした。たとえば一〇〇石未満の下級士族には一二年分、一〇〇石以上は一〇年分、一〇〇〇石以上は八年分を与え、予算が足りなければ華族など高禄者に対する処分を三年ほど遅らせればよいとしている。さらに、どうしても華士族に家禄を私有させるような状態を続けざるをえないならば、徴兵はまず彼らから割り当て、欠員があってはじめて庶民から召集すべきだとしている。

ところで、家禄奉還に応じた士族に渡される資金の額面は、その府県における明治六年の貢米相場にもとづいて設定されていたが、おりからの不作によって米価が非常に高騰していたため、禄米の算定額は時価よりかなり低くなり、還禄した士族にきわめて不利となった。政府側の探索書を見ると、「鳥取県士族が家禄奉還の問題で騒いでいる。これは石代と現在の相場に大幅な差が見られることによるが、戸長内海某と為替座の嶋田組が結託して米の売買を遅らせたためだと大いに沸騰している」などとの情報が伝えられているが、同様の紛議が各地で生じていた。

家禄の金禄化

征韓論政変直後、国内情勢を把握するために全国に中央官吏が派遣された。このうち、畿内・中国地方を視察した大蔵大丞渡辺清が明治七年（一八七四）一月に大隈大蔵卿に復命したところによれば、五年一二月に太陽暦が採用された後も、貢租の金穀の公納期限を旧暦で設定している県が少なくなく、明治七年の府県経費と士族の家禄は六年一二月に支給されるべきところ、公納が一月に行われるため支障をきたしている例が多いとし、士族への家禄支給が遅延して動揺をもたらしている所もあったという。渡辺は、右のような混乱を防ぐ方策として、家禄支給を全面的に現米から現金に切り替えるべきだとし、額面の算定は家禄奉還者への資金下付と同様に前年の府県貢米を基準にすればよいと提案している。ただし、米の相場は変動が激しいため、前述のように家禄の金額化については還禄者の間から時価との間に差があると不満が生じていた。

地租改正の進展にともない、家禄を貨幣による石代渡しとする県がしだいに増えていたが、もともと消費地の旧城下と生産地の農村では価格に差があり、しかも明治六年は全国的な凶作に見舞われて米価が騰貴したため、家禄の額面をめぐる紛議が各地で起きることとなる。たとえば青森県では、明治六年五月に弘前士族が家禄が支給されないうちに米価が貢納石代相場よりもはるかに高くなったため、権令菱田重禧《しげよし》の施策への反発も加わって多人数の士族が正米支給を求めて屯集した。政府は大蔵省六等出仕の北代正臣《きただいまさおみ》を派遣して士族を説諭するとともに、商人に米価を引き下げさせて鎮静に努めたが、正米支給の要求は却下している。一方、士族との対立激化から上京して政府の指示を仰ごうとした菱田権令は、監察のために派遣された中央官員によって不品行や士族統制の失敗、部下との折り合いの悪さなどが報告されていたので、そのまま免官位記返上という厳重処分を受けることとなる。また、佐賀県では明治六年の凶作に対応して農民に石代納を認め、家禄も現米渡しから石代渡しに改めたものの、実勢の米価との間に生じた士族の損失分への助成が大蔵省に却下され、一二月の予定だった家禄支給は事務的混乱も加わって延期を重ねていた。佐賀の乱の引き金となり、大久保政権が武力鎮圧を決意するきっかけとなった小野組出張所襲撃事件は、もともとは給禄の遅延にいらだった憂国党士族が、公金の管理を任されていた小野組に押しかけて強談のすえ紙幣を略奪したというものである。

なお、佐賀の乱や台湾出兵など世情の不安感などから米相場は引き続き高騰し、石代をめぐる混乱はその後も頻発している。たとえば現在の山形県南部にあたる置賜《おきたま》県では、明治七年に米一石が二円七五銭との相場を示しているときに、家禄を二円二四銭五厘の石代で支給したが、旧米沢藩士族たちは家禄を農民が貢納した段階の米価で算定するならただちに支給すべきなのに、わざわざ米価の騰貴を待って士族に高価な米を買わせたと騒ぎだし、権令関義臣に米麦の移動を禁じて価格を下落させるように迫った。おりから佐賀の乱の情報も伝わったが、旧藩の大参事だった千坂高雅《ちさかたかまさ》の奔走でようやく鎮静化している。関は大隈の意をうけて集権化の推進に辣腕を振るったが、「旧知事上杉茂憲《もちのり》より自分のほうが今は上官だ」などと豪語するなど言行に過度な面もあったので地元士族と摩擦を生じ、米沢藩出身の左院議官宮島誠一郎の圧力で九月に更迭されている。

菱田や関にかぎらず、廃藩から数年を経ずして県治を任された地方長官には大名気取りの者も多く、〝よそ者〟の支配を快く思わない地元士族の神経を逆撫でしした。政府は士族との対立が激しい〝難治県〟に対して有能な人材を配置したり、あるいは人事異動を頻繁に行って対処したが、集権化のペースを落とすことはなかった。そうしたなか、岡山県では権令石部誠中《いしべせいちゆう》が租税の金納化を進める政府の方針に逆行して公納の六割を米納とし、家禄をすべて正米で支給したため、管内はもちろん他県の士族からも評価されている。しかし、石部は翌明治八年一〇月に巡回中の内務省五等出仕桜井勉から、農民に手加減して地租改正の進捗を遅らせていると責められ、自ら辞表を提出した。岡山は地元士族の威権が強い県で、とりわけ西郷と親しく〝備前西郷〟の異名を持つ杉山岩三郎が士族の信望を集めていた。石部の後任には〝鬼県令〟の異名を与えられる高崎五六《ごろく》を迎えることとなるが、彼も杉山と協調する姿勢を取っている。

このように、家禄の石代渡しは士族の不満を多く呼んでいた。しかし、予算上では支出額が確定できて便利なうえ、地租改正によって農民の納税も金納化が進んでいたので、政府にとっては現米渡しよりも効率的だった。また、現米渡しのままだと、士族が他府県に転出した場合に複雑な事務手続きを要した。このような理由から大蔵省は家禄を全面的に金禄に切り換えることを求め、明治八年（一八七五）九月七日に、過去三ヵ年の貢納石代相場を平均化した額で家禄賞典禄を支給することが公布される。金禄化は、家禄を家産化＝公債証書化して廃止するのに不可欠な条件だった。また、財政赤字に悩んでいた政府は、米の騰貴によって貢納石代相場との差益を手にすることができた。

帰農商の困難

家禄奉還に応じた者に資金を下付するにあたり、政府は地方官に「本人の目途《もくと》をよく審査し、浮利に走ったり眼前の安楽を求めることなく、着実に力食の道を尽すことができるよう説諭し、政府の趣意が貫徹するように取り計らうようにすべきである」との訓令を出している。先に述べたように、政府は還禄した士族に対して官有地を代価の半額で払い下げ、租税の減免など帰農の便宜を与えるとともに、窮迫した無禄士族に対しても荒蕪地を無償で提供している。

士族には無職の状態を漫然と続ける者や、不慣れな商法に手を出して破産する者が多かったが、一方では積極的に自活の道を歩む努力も重ねられていた。たとえば旧佐倉藩士族は、明治四年（一八七一）に旧知事堀田正倫《まさとも》の援助を受けて同協社を結成している。彼らは八〇人からなる班を六組編成し、五日ずつ交代で作業をする方式で城下郊外の荒蕪地開墾に着手し、製茶業などで成果をあげることができた。また、旧鶴岡藩士族は松平親懐《ちかひろ》や菅実秀《すげさねひで》らの主導により、明治五年（一八七二）四月から旧藩士三〇〇〇名の総力をあげて月山《がっさん》の山麓にある後田山《うしろだ》を開墾し、さらに四五〇名ほどの士族が入植移住して養蚕製糸などを開始し、今日にまでおよぶ松ケ岡開墾場の事業を起こしている。このほか、明治五年に操業を開始した官営の富岡製糸場には全国から士族の子女が派遣されて技術指導を受けたが、翌年に旧松代《まつしろ》藩士たちによって創設された六工社のように、ここで学んだ器械製糸の技術を地元に定着させる先駆的役割を果たした士族の事業は数多い。そうしたおり、家禄奉還制により産業資金を確保する道が開けたことは、士族に自立を促す契機となり、各地で多くの事業が着手された。

政府が半額払下げなど便宜を図った荒蕪地開墾は、士族を自活させて政府の家禄支出を削減するとともに、農地を拡大して将来は地租の増収を見込める手段と期待された。しかし、士族の多くは農業に未熟で成績は思わしくなく、作業を農民に委託する例も多かった。あるいは山林の払下げを受け、農民に樹木を伐採させて若干の利潤を稼ぐと、あとは植林も開墾もせずに放置して荒廃に任せるような者が少なくなかった。前述の松ケ岡開墾場などは数少ない成功例だが、それは指導者のリーダーシップと団結、さらに規律に反した者に切腹を命じるほど内部統制が厳格を極めたことにも支えられている。なお、官営の下総牧羊場（千葉県富里市）で技術指導を行ったアメリカ人技師のアップ・ジョーンズは、明治八年に前述の佐倉同協社を視察し、政府が士族たちに寛大な良策を施すならば、知識の高い彼らを農民に変えるのは難しくないだろうとし、さらに刀を鍬鋤に持ち替えた佐倉士族の困難な実情も指摘しつつ、士族に西洋式の農業器械や畜耕の技術を習得させ、関東近辺にある広大な原野を開墾すれば、生産力の大幅な増大が見込めると報告した。

帰農は、多くの士族にとって文字通り戦国以前の遠い祖先の境遇に立ち返ることを意味する。また、行政側も工業と異なって農業は土地と若干の農具があれば即時に着手できると考えた。しかし、本格的な農業は長年の経験や土壌の改良を必要とし、趣味的な園芸などとまったくレベルを異にする。そもそも、開墾は多大の経費とエネルギーにくわえ、技術指導や入植者への積極的な保護が不可欠であり、計画性のない事業の多くが不成功に終わるのは自然の成り行きだった。このため士族は、過重な労力を要するうえ移住を余儀なくされる帰農を避けたがる傾向が強く、より少ない労働で多額の利潤が得られるかもしれない商業を志す者が少なくなかった。

そうしたなか、頼山陽の門人で老中阿部正弘の儒官だった江木鰐水《がくすい》は、旧福山藩士族を結集して愛国社という団体を結成し、養蚕製糸や築港・塩田開発を計画しているが、明治七年（一八七四）の秋に島根県を視察した際、旧浜田藩士族の困窮ぶりを目撃している。浜田藩は第二次征長戦争の際に長州藩の逆襲を受けて落城し、松平武聡《たけあきら》主従は美作国鶴田《たづた》にあった飛び地に疎開していた。廃藩置県ののち、士族には困窮して浜田に帰る者がしだいに増えたが、彼らは農家の日雇となり、一日麦五合の労賃で飢えをしのいでいたという。これに対し、隣接する旧松江藩の士族は裕福で盛んに商店を開き、東京でもめったにない豪勢な酒楼を営業する者まで現れたという。江木はそれを見て、この時勢に至っても旧来の習慣を脱することができず、懐に手を入れたまま大利を得ることばかり考える者が多く、帰農して養蚕などで自活しようとする士族をみることがないと苦々しく日記に記した。そして、福山の士族も浜田士族の困苦を聞いて心を改め、憤発して汗を流しながら生計を維持する決意を固めれば、はじめて衣食を得られる事業を定められるだろうとしている。

商業の世界も農業と同様に経験が不可欠であり、手段を誤れば一瞬にして全財産を失う危険性があった。現に、士族の帰商は大部分が惨憺たる失敗に終わり、「士族の商法」という揶揄まじりの言葉を今日に残している。しかし、こうした失敗はとくに士族に限られるわけではない。維新の巨大な社会変動に遭遇した階層は旧藩士以外にも数多く存在し、少なくない人々が一攫千金を狙って投機的な商法に手を出して財産を無為に散逸させた。今日からみれば滑稽にすぎないが、明治の初年には珍妙な利殖法がたびたびブームとなっている。よく知られている例が明治七年前後に流行した兎の繁殖だが、一生を安楽に支えられるような資本を築くことができた人はまれであった。

ただし、江木が目撃したような状況を、島根県の地方官が黙視していたわけではなく、県令井関盛艮《いせきもりとめ》は明治八年（一八七五）三月七日に、次のような内容の説諭を行っている。

「家禄奉還を願い出る者には、急に多額の資産を手にして目がくらみ、浅はかな胸算用から好機会を拾おうと一時の浮利に走り、子孫を永く養う配慮ができない者が多い。すでに奉還を済ませて資金を受領した者にも、最初の見込みを突然に変えて意外なる損失を出した例がある。あるいは一時に多額の資金が下されたことから慢心し、それまで粗末な衣食に甘んじていた者が急に華美な生活を行い、周囲の者までそれを真似るなど、いろいろ信じがたい事があると聞いている。こうした浅ましい心得で家禄奉還による資金を扱えば、二度と手にすることのできない大金を散逸して生活の手段を失い、朝廷の特別な恩典も水泡に帰するのではないかと焦慮にたえない。無上の恩典というべき資金を無駄遣いし、国家の恩恵に報いることができず家族を路頭に迷わせるような不届き者は、上は朝廷の趣意に背き、下は庶民の笑い物となるであろう。一方、実直に資金を活用して山林や荒野を美田に変え、製糸製茶をはじめとする物産を拡大して輸出を増大させれば、上は国威を輝かし下は子孫繁栄の基礎を築ける。かえりみれば、戦国群雄割拠の時代には禄を失い離散した家臣団は数多かったが、辛苦の末に帰農商して独立自営の活計を立て、今日まで連綿と子孫を残している者も珍しくない。彼らの境遇に比べれば、現在の士族は実に恵まれているではないか」

井関県令の諭達は四月二五日の『朝野新聞』に掲載されたが、『東京日日新聞』はこれをうけて二日後に論説を掲げ、「還禄士族の実際を見るに、全く吾曹《ごそう》が望みたるとは反対にして、今日の恩典は他日の禍根と成るべき程の有様に至りしは、実に浅間しき事ならずや」と、家禄奉還によって与えられた恩恵は有効に活用されておらず、政府はかえって保護が足りないと恨まれることになるだろうと慨嘆した。ちなみに、ここで「吾曹」を名乗るのは、同紙の主筆で後年に著した『幕府衰亡論』や『幕末政治家』で知られる福地源一郎（桜痴）である。福地は還禄士族の状況をおおむね次のように評価した。

「まず、山林などの官有地の払下げを受けて農耕に従事する者は第一等とし、産業資金をもとに貸家を経営する者は第二等とする。しかしながら、このように積極的に資金を有効に活かそうとする人物はわずかで、たいていは不慣れな商業に就き、東京では多くの士族が天ぷら屋や茶漬け屋、紅梅焼などを営んでいる。いずれも利益が上がらず、ついには資本を損なう者もいる。ただし、それでも彼らは一応は自活の意思があるので、しばらくは〝下等の輩〟とでも評しておこう。士族の中には家禄奉還でまとまった金を眼前にすると、たちまち着飾って酒色にふけり、一朝にして賜金を散逸させてしまう輩が多いと聞くが、実に嘆かわしい。そして、士族に払い下げられた官有地のほとんどは平民に転売されていると聞く。かくも士族に精神や気力がないのは悲嘆に堪えない。あるいは資本を使い果たした士族は餓死するか犯罪に走るかもしれないが、政府としても彼らが自ら招いた不幸と傍観するほかないであろう」

結論として福地は「政府は今日に士族を特愛して、明日に残忍なりと評せらるるを免かれざる可し。故に吾曹は士族の願に任せて無暗に還禄を許すは、他日の禍根を醸《かも》すの媒《なかだち》と成るべし」と述べ、政府は士族を甘やかしていると断じた。つづいて、このうえは「御世話の序《ついで》に、篤と士族が自食の計を問糺《といただ》したる上にて還禄を許」すべきだと、士族の生活に対してもっと干渉するように訴え、さらに土地や山林など不動産の払下げにあたっては、数年間は転売を不許可にするなど制限を加え、あくまで士族が自力で活路を見いだすように積極的に誘導すべきだとしている。

別に福地の論説が功を奏したわけではないが、政府は還禄者の成績があまりに思わしくないとして、明治八年七月一四日に家禄奉還の中止を布告している。ところで、福地はしきりに士族の無気力を嘆いているが、これには伏線がある。彼は右の論説を記す直前まで、士族の位置づけをめぐって『郵便報知新聞』と紙上論争を交わしていた。

『東京日日新聞』は「太政官記事印行御用」を表看板に政府の法令・布達を優先的に掲げ、岸田吟香《ぎんこう》を編集長、福地源一郎を主筆とし、板垣退助ら立志社を中核とする士族民権に対して平民の主導と漸進主義を唱えていたが、ライバル紙から政府寄りの「御用新聞」との批判をしばしば受けていた。しかし、政府の方針にまったく盲従していたわけではない。これに対し、『郵便報知新聞』は栗本鋤雲《くりもとじょうん》を主筆とし、藤田茂《も》吉《きち》・箕浦勝人《みのうらかつんど》・牛場《うしば》卓蔵《たくぞう》など慶応義塾出身の記者を擁する民権派の新聞で、のちに立憲改進党の機関紙となる。

新聞紙上における士族論

明治八年（一八七五）の三月から四月にかけて繰り広げられた、『東京日日新聞』と『郵便報知新聞』両紙の論争は、家禄は家産か否かということに始まり、士族に選挙権をあたえるべきか否かという問題にまでおよんだ。『東京日日新聞』は、士族が民権を主張するのは立身出世の手段を得る口実に過ぎず、そもそも彼らは人民の庇護を受ける居候ではないかと唱える。

これに対して『郵便報知新聞』は、士族も等しく日本の人民である。彼らは世禄を食んで傲然と農工商の上に座しているが、わが国で高尚の志を抱き、恥を知って義を重んじ、おのれの志を一家の私情に止まらず天下の重きを以て自ら任ずる存在は、士族に最も多く見いだせる。したがって、士族は平民の恩人ではないが、決して罪人ではない。ゆえに、無罪の人から一朝にして禄を奪って不慣れな職業に追い込むのもいかがなものか、と述べた。

『東京日日新聞』の吾曹先生は即座に反論した。家禄は給金でもなく褒美でもなく、いわば「御情の仕送り、貧院の寄付」の類である。そもそも、今や日本の独立は士族だけに依頼すべき時節ではない。もし『郵便報知』の記者が士族の気力が衰退することを憂慮するならば、ここに一策を献じよう。「封建に復するに如くは無し」。もし封建の世に戻すのが不可というなら、封建の遺物たる士族に気力があるのは決して良民のためではない。国家独立の元気は良民が権利を保有することによって得られるものであり、良民の居候である士族に良民と同等の権利を与えてはならない。

『郵便報知新聞』の反論は、士族といえども圧制の下におかれたのであり、それを悲しまない者はない。また家禄は「御情け」ではなく賞典の一形態で、明らかに権利を有している。自分は独立の元気を何も士族にのみ依頼せよと唱えているわけではない。しかし、士族の有する気力は一朝一夕にできあがったものではなく、その貴重な精神は保護すべきではないか。我々の社会から士族を除けば、無気無力の愚民と有力有気の圧制政府のみが残る。圧制は人民を真の幸福に導くことはできない。平民を刺激しうるのは士族にあらずして誰か、というものであった。

これに対して『東京日日新聞』は、平民が無気力なのは武士による圧制のもとで卑屈になってしまったからで、王政復古といえども薩長士と幕府の士族による権力の争奪にすぎない。今日にいたるまで政府がもっぱら配慮するのは士族の向背であり、従順なる平民は圧制の下に置かれたままではないか。士族の気力なるものは、平民にとって有難迷惑にほかならない。また家禄は家産ではなく、家産なき人々に選挙権を与えるべきではない。いったい『郵便報知』の記者は普通選挙論者なのか。ただ、自分が平民に対して望みたいのは「是からは士族の御厄介に預らず、私共平民仲間で及ばずながら独立を維持いたし度《たく》と存じます。永々御世話で御座つた」という態度で、独立維持の大任を引き受けてもらうことである、と論じた。

『東京日日新聞』も『郵便報知新聞』も普通選挙ではなく制限選挙を前提としており、平民の多くが国家の問題への関心が低いことを憂慮する点は変わらない。多分に愚民観が漂うが、武士は統治を独占するかわりに仁政をなす者としての責務が要求される一方、民衆は生産にいそしみ、全体の政治的状況や国外の情勢に対しては遠い目でみていた。牧原憲夫『客分と国民のあいだ』が明確に述べるように、こうした「客分」意識を払拭させ、「国民」として国家に対する一体感を植えつけることが近代国家を構築するうえで不可欠だという認識は、当時の政治家や知識人に広く共通した考え方である。平時は政治に無関心で行政による管理を嫌いながら、事あると保護を強く求めたり逃亡するような民衆では困るというわけである。

しかし、士族の問題に関する両紙の論争を客観的にみれば、職務を解かれた士族が「仁政」どころか特権を固守して平民の居候になっていると喝破する『東京日日新聞』の論説のほうが、士族の民権運動を擁護する立場に立つ『郵便報知新聞』より勢いが勝る。『郵便報知新聞』はミルの言説を引き合いに、家禄の削減は「一国の公利」のため所有権の一部を提供するもので、鉄道や運河を通すために土地の権利を国家に譲渡するのと同じだとし、あくまで家禄を家産としているが、両紙の立場は前章で述べた森有礼と吉田清成の論争と同様に平行線をたどる。西洋の例を引き合いに出すあたりは家禄＝家産論者の苦しいところで、福地源一郎は、『郵便報知』記者の態度は「貴様が何と説ても我は飽まで不承知だ」というようなものだと皮肉を述べた。

その後も論争は士族に選挙権を与えるべきではないとする『東京日日新聞』の議論

を基調に進んでいく。福地源一郎は、そもそも士族と平民では権利が異なるとした。華士族は閏刑《じゅんけい》の制度によって平民と刑罰の扱いが異なっており、しかも士族は政府の手を経て平民から仕送りを受けている。したがって、「四民平等」はいまだ完全には実現されておらず、それゆえ士族は平民の仲間ではない。もし政府が士族の学識や気力精神を重用するなら、「元老院なりとも士族院なりとも何院何庵なりとも御勝手に御建立」すればよい。ただし、もし士族の族称を放棄し、家禄を奉還するならば、喜んで平民の仲間に入れ、人望次第では民会の代議人に選挙してもよいではないか。

これに対して『郵便報知新聞』は家禄＝家産説を譲らず、禄にともなう軍役の義務は変じて禄税となったとしている。また『東京日日新聞』は士族を邪魔者扱いしているが、自分たちの「ソサイテイ」は圧制に対抗しうる「ミッドルクラス」を必要としている。しかし、残念ながら現在の平民のみで「ミッドルクラス」を構築することはできない。要するに福地が目指しているのは「悉皆《しっかい》平民は馬鹿者なれば敬して之を遠ざけ置き、主として民権を主唱する士族も邪魔ものなれば之を放逐して、政府に圧制の上塗をかけんと欲するのみ」で、平民を政治的関心の強い士族から遠ざけることによって政府への抵抗心を骨抜きにすることである。そもそも「民権」は政府に対して人民一般が有する権利のことで、『東京日日』が言うところの「民権」は真の民権ではないと逆襲した。なお、士族に対しては、座食は許されないが自立の産業を得るのは容易でなく、ことに商業の如きは士族が本来は最も不得手とする業種である。ここは暫時の困苦を辛抱して振起すべき事業について勉強すべきであると訴え、士族が保有する愛国心と気力こそが日本の独立を維持して文明を進歩させる基礎であり、その気力と精神を堕落させることなく全国人民の眼を覚醒させて誘導し、万国対峙の地位に到達できるように努力せよと求めた。

自由民権運動を現代風のデモクラシーと関連づけるならば、特権を持つ旧来の支配層に依拠しようとする民権論者の態度は矛盾しているようにもみえる。しかし、遠山茂樹氏が指摘するように、近代的意味でのミドルクラスが当時の日本において脆弱であるかぎり、志士仁人の気概を有する士族の抵抗精神に仮託して国家への抵抗線を構築せざるをえず、そのことによって自由民権運動は最初の成長を遂げた。ただし結果的には、生業のみにいそしむ〝客分〟的な庶民への優越感や、流血を恐れず実力行使を礼賛するような壮士的観念を、運動の中に色濃く内包させることとなり、加波山事件（明治一七年九月）など激化事件による内部崩壊の要因となる。また官職や就業の機会を提供された民権派指導者が、しばしば政府側と簡単に妥協したという点においては、民権を主唱する連中はそれを立身の口実としているにすぎないとする福地の辛辣な指摘も的外れではない。

「座食」への批判

国民皆兵を唱える徴兵令が布告されて常職を失ったのちも家禄を受給し続ける華士族に対しては、「居候」「平民の厄介」「無為徒食」などとの悪罵が投げつけられ、族称や禄制の廃止がたびたび新聞の投書や政府への建白書で訴えられる。これに対し、家禄＝家産説による反論も若干は加えられたが、すでに廃藩前から開明的な藩では禄制改革の段階で家禄＝家産説が否定されており、説得力が薄弱だった。士族が「居候」状態を脱却する手短な方法は、軍事義務を再び回復することだった。そうすれば徴兵逃れに奔走している平民たちも喜ぶだろうし財政も節約できると唱えた。軍隊は創建から日が浅く、警察も十分に拡充されておらず、農民一揆の鎮圧に士族が協力させられることは多かった。ましてや海外出兵となれば士族の動員は不可欠である。したがって、多くの士族は征韓に期待したが、政変で機会が奪われると岩倉具視や大久保利通を怨嗟した。そこで大久保たちは、台湾高山族居住地（蕃社《ばんしゃ》）は主権の存在しない無主地だとする副島前外務卿やアメリカの前厦門《アモイ》領事チャールス・ル・ジャンドルの入説に飛びついて台湾出兵を強行する。これは、台湾は朝鮮よりもリスクが薄いうえ宮古島民虐殺という名分もあり、琉球に敏感な鹿児島士族の懐柔が期待できた。鎮台兵と鹿児島士族を中心とする応募兵あわせて三六〇〇名は西郷従道《つぐみち》に率いられ、五月に長崎を出発して高山族への報復を予定通り実施する。しかし、国内では参議兼文部卿木戸孝允が征韓論政変で示された内治優先の方針に逆行すると激怒して辞表を提出し、征韓派士族も見え透いた替え玉策と反応している。さらに台湾を領有する清国は、先住民が中華の徳に浴さない「化外」の民であっても台湾全島の主権は自分たちにあり、被害を受けた琉球も朝貢国の一つだとして厳重抗議し、台湾の日清両軍は一触即発の状態となった。欧米各国も清国の主張に理解を示し、日本は孤立無援となる。

戦争の危機に国民一般は戦々恐々とする一方、西郷隆盛や桐野は現政権には協力できないと成り行きを冷やかに見守ったが、無為に日々を送っていた士族には血気盛んになる者が多く、政府には高知立志社による寸志兵編制願など旧藩士族からの従軍志願が殺到する。陸軍省は、志願兵の編成は徴兵令に逆行するうえ、不平士族が悪用する恐れもあるとして最初は許可しなかったが、やはり開戦を想定すれば兵力の不足は否めず、また無下に請願を拒絶すれば奮起している士族たちの憤激を買うおそれもあった。そこで、陸軍の規律に従うことを前提に一応は従軍志願を受け付けることとし、特別な一課を設けて後年に陸軍大将・首相となる少佐時代の桂太郎に事務を担当させている。名簿を携えて上京してきた旧藩士族の総代たちはきまって「万分の一なりとも国に報じたく参上した」という言葉を口にしたので、桂の部署は「万分の一課」なる名称を省内で頂戴したという。

しかしながら、日清間の緊張は大久保が自ら渡清して北京談判を行い、決裂寸前に貿易上の打撃を憂慮する駐清イギリス公使トーマス・ウェードの仲介を得て開戦を回避することができた。士族の志願兵を大規模に動員することは徴兵制の崩壊を意味する。このため、萩に引きこもっていた木戸孝允は、ひとたび士族兵を再役させれば徴兵制など諸般の政策も転換を余儀なくされ、ついには鹿児島士族を中核とした「兵隊為政」を招くだろうとし、戦争が内政に及ぼす悪影響を憂慮していた。海外出兵が士族の統制に逆効果になるという教訓は、翌年に江華島事件が起きた際に活かされる。

ともあれ、大久保は交渉に成功して若干の償金まで獲得し、琉球の島民が日本の「属民」であることを清国に承認させるという得点をあげ、そのうえ手際よく台湾からの兵力撤収を実現したことにより、内外での声望を大いに高めた。横浜に戻ってきた大久保を市民たちは熱狂的に歓迎し、ライバルの木戸も彼の成功を素直に喜んでいる。佐賀の乱、台湾出兵という明治七年の危機を乗り越えることにより、はじめて大久保政権はその基盤を固めることができたといえよう。

一方、自らの存在を誇示する絶好の機会を失った士族は、激昂して政権転覆や暗殺を口にする者もいたが多くの者は意気消沈し、あいかわらず「座食」の批判にさらされることとなる。とりわけ、微禄の士族が自活の努力に励んでいるなかで、維新前に劣らぬ高禄を保持して大名暮らしを続ける華族たちに対し、世論の批判は厳しかった。

たとえば山口県出身の本願寺派僧侶で、宗教の近代化に尽くした島地黙雷《しまじもくらい》は、明治八年九月に『共存雑誌』での論説で、「人の世に在る、産を制して労に食し、以て自ら生活するを道とす。奚《いずくん》ぞ優遊久しく公租を座食すべき理《ことわり》あらむや」と華士族の家禄保有を批判し、とりわけ以下のように華族を手厳しく批判した。

「士族が義務を解かれた後も禄を与えられていることは責められるべきだが、彼らの禄高は少ないうえ多少なりとも削減されている。困窮して飢えているのも憐れむべきである。しかし、華族たちは数年の間に巨万の蓄財を行い、さらに維新前にも増す大禄を受けている。無職無用にして、与えられる所得が義務を負っていた時分よりも増大しているとは、これはいったい何事か」

つまり、士族が明治三年の「藩制」などにもとづく禄制改革で削禄を受ける一方、藩財政の一割を家禄とした華族はかえって裕福となり、しかも廃藩と徴兵令で義務を失った後も放蕩を続けていると非難している。そして、家禄を削減したうえ家産化して華士族に渡し、削減分は政府が貯蓄しておくという禄制処分を提案しているが、これはおそらく同郷である木戸孝允の所論の受け売りであろう。

そうした華族批判に対しては、『朝野新聞』において深井了軒なる名による投書において、「華族は皇族と唇歯の勢を為す者なり。華族滅びるときは皇族寒し。皇族寒きときは万世一系の皇統も随て孤立の姿となり」と、皇室の藩屛《はんぺい》（朝廷の守り）としての華族の役割を強調し、華族の存在を否定する者は、君主制を暗に共和政治に導こうとしていると批判した。これに対して中田豪晴という人物が、天皇を擁護して国家の安穏を維持する者は華族だけなのかと反論し、さらに華族が無為に禄を食んでいると批判することと共和政治とを結び付けるのはまったくの見当違いだとした。また、後に伊藤博文の側近として活躍する伊東巳代治《みよじ》も華族を「尸位素餐《しいそさん》」（職責を尽くさず給与を得ること）と非難し、皇室の基盤は堅牢であって華族が取り巻く必要などなく、「彼の素餐なる華族の墻壁《しょうへき》は、皇族の為めに啻《ただ》に便益とならざるのみならず、却て損害となるべきを知るなり」とした。つまり、〝馬鹿殿様〟や〝放蕩公家〟が藩屛として天皇を取り巻くならば、かえって皇室の権威を損なうのであり、急務は皇族の存廃以前に民治の充実と外敵の防御を全うすることだと深井に反論した。

　ただし、華族の側もこうした世論の非難を無視していたわけではない。海外留学をした秋月種樹《たねたつ》と河鰭実文《かわばたさねふみ》は、イギリスなどで貴族が果たしている責務を自らも日本で実行すべきだとし、帰国後の明治六年一二月に学術研究を目的とする通款社を結成した。こうした若手の動きに呼応し、どちらかといえば保守的な長老格の華族も麝香間《じゃこうのま》祗候《しこう》会議を起こす。両者の動きは、岩倉使節団での洋行を通じて「貴族」の存在を強く認識した木戸孝允と、三条実美の腹心である尾崎三良《さぶろう》の工作で合同し、明治七年三月に華族会議が結成された。その趣意書は総代中山忠能《ただやす》ほかの名により、「現今我国華族の如き、概して言へば、皆徒手素餐、毫《ごう》も国家に裨益《ひえき》あることなし。士族平民の上に位すと雖ども、其平生を省るに、慙汗《ざんかん》流《ながるる》が如く、恐悚《きょうしょう》の至りに堪へず」との反省から、自らの責務を果たすべく研鑽することをうたっている。華族会議は六月に華族会館に発展し、「協同勉励学術を研精」する機関と位置づけられた。

　華族の中には、世論の批判に発奮してその地位すら返上しようとする人物もいた。たとえば明治七年二月に旧福本藩（播磨）知事池田徳潤《のります》は「報恩の寸功も之なく、多罪之仕合と存じ奉り候得共、此上碌々時日を過ぎ候ては猶更恐入候」と、位記の返上と家令・家扶の廃止を願い出ており、広島藩主だった浅野長勲《ながこと》も明治九年二月に「身を民籍に帰し祖先墳墓の地に拠り、力を開墾に用ひ、聊か物産を富殖し、万一も国家に裨益あらんことを冀望《きぼう》」すると出願している。ただし、これらの出願はいずれも政府に却下された。華族は次第に宮内省の強力な統制下におかれ、「尸位素餐」の振る舞いも、市民的自由とともに制約されることとなる。

「常職」を失い「尸位素餐」の誹りを受けるなかで、識者が嘆くように進路を見失って失意無気力の状態に陥る華士族は少なくなかった。しかし、教育などを通じて国家の内側に自分の位置づけを見いだそうと苦悩する華士族も数多く存在する。そして、そうした人々の活力の果てに、近代日本の根幹の多くの部分が築かれていくのである。

第五章　禄制の廃止

朝鮮問題の解決と廃刀令

全国の不平士族が去就の目安としていたのは、政府外にあって旧鹿児島藩の強力な軍事力を維持し、西郷隆盛を擁する私学校の動静である。西郷は維新の最大の功労者であり、参議辞職後も唯一の陸軍大将として国軍の最高位にあった。なお、各県では他県出身の官員が県政を仕切るのは当たり前となっており、旧来の慣例などにこだわらず強引に集権化を進めていたが、鹿児島だけは地元出身の県令大山綱良《つなよし》のもと、私学校が完全に県庁の人事を独占し、きわめてアンバランスな様相を示していた。大山は地租改正を全国平均のペースで進めるなど、士族の対応に苦慮しつつ、政府の政策を実施していたが（芳即正『日本を変えた薩摩人』）、地元山口県に中野梧一や関口隆吉といった旧幕臣の県令を迎えていた木戸孝允にいわせれば、鹿児島だけがあたかも「独立王国」の観をなしていた。ただし、西郷はひたすら勢力の温存に努め、配下に対して軽挙妄動を抑える一方、外部からの働きかけには応じない姿勢を貫いた。このように、西郷が鹿児島に隠遁したまま動かないのに対し、旧鹿児島藩主島津忠義の実父で、実質的には大久保利通や西郷隆盛らの旧主君である島津久光は、明治七年（一八七四）四月から左大臣という要職にあり、復古的要求を大久保政権に突きつけていた。彼の名は、外国人の間では一二年前に起きた生麦事件の責任者として記憶されており、条約改正を国是としつつも久光を西郷と入れ違いに政権中枢に呼び込むあたりに、鹿児島士族への対処に政府がいかに苦慮していたかがうかがわれる。

こうしたなかで井上馨は、鹿児島士族の機嫌とりで台湾出兵が強行され、多大の財政を費やしたばかりか対外戦争寸前に至った明治七年の政治状況を苦々しくみており、政府内外に跋扈《ばっこ》する「芋を一除」することで民権派の小室信夫《しのぶ》・古沢滋《うろう》と一致した。そして、彼らの斡旋によって、明治八年（一八七五）二月に大久保・木戸孝允・板垣退助が大阪で会談し、立法機関である元老院の設置と大審院（最高裁判所の前身）の創設、漸次立憲政体樹立の方針が確定する。そして、地元にこもっていた木戸孝允と板垣退助は参議に復帰した。右の大阪会議以降、政局は複雑化の様相を示す。大久保も将来的には文明国の政治である立憲制の導入は必要だと考えていたが、まずは内務省を中核とする官僚機構を固め、官主体の強い指導力による開発と工業化を通じて国力増強を図ろうとしていた。一方、木戸は政府側が法典をきっちりと整備したうえで漸進的に立憲制を確立することを基本姿勢とし、大久保政権に対して参議と各省長官の兼任を分離させて行政の権限を分散化するように求め、早期に民選議院を設立させようとする板垣も同調した。なお、王政復古からこれまで大久保と二人三脚のように国家指導に携わってきた右大臣岩倉具視は、大久保が木戸や板垣、井上馨と妥協して立憲制導入の方針を明示したことに反発し、皇室の基盤として華族の補強再編に努めるようになる。そして島津久光も、開化政策を伝統の破壊と憎悪する守旧的勢力の支持を負って活発な動きを開始した。

久光は、あいかわらず明治五年（一八七二）に天皇に示した服制・兵制などの復旧を求める建白を採用するよう求め、また立法機関として新設された元老院の議長を兼任しようとしていた。いずれも参議たちにはねかえされて実現しなかったが、彼は守旧的な華族の支持を集めており、また側近である前左院議官海江田信義《かえだのぶよし》や前石川県令内田政風《まさかぜ》たちは、元参議の前原一誠《まえばらいっせい》や副島種臣などとも関係の強化を進めていた。大久保政権にとって、板垣退助ら高知の立志社を中心とする民権派は、開化の速度をめぐる緩急を除けば大きな立場の違いはなく、所詮は権力への割り込みを図る連中だとみることもできた。むしろ脅威だったのは、開化政策全般に批判的な守旧派のほうである。彼らと妥協の余地を見いだすことは困難だった。もともと、西洋の思想や制度を導入する際、日本の伝統を援用して読み替えるという手法が用いられてきており、方便としての「復古」は広範に浸透していた。そして、現状に不満な者にとって、開化路線にかわる将来像を提示できず、また西洋色のする自由民権論も気に入らないなかで、各種の制度・慣習をもとに戻せとする原理的な復古論は、最も単純明快で共鳴しやすかったのである。

そうしたおり、明治八年九月二〇日に朝鮮沿岸で日本艦が〝攻撃〟されるという江華島事件が起きる。即時征韓論者たちは「日の丸への汚辱」などと興奮したが、朝鮮側の発砲が首都防衛の拠点に侵入するという軍艦雲揚の不法行為に起因したことは日本国内でも広く察知されており、西郷隆盛は政府の姑息な作為と疑って「恥ずべきの所為」と憤慨している。一方、政府内においては島津久光がこの機をとらえ、立場が正反対の板垣退助とともに、朝鮮問題への対応に先立って参議・省卿分離による政体変革を断行するように迫った。これに対し非戦論の木戸は、征韓に前向きなうえ久光と手を組んだ板垣を見限って大久保に協力した。結局、政権中枢への割り込みを図ろうとする板垣・久光の要求は阻止される。久光は三条太政大臣の罷免を天皇に求めたが受理されず、一〇月二七日に板垣とともに辞職に追い込まれた。

江華島事件そのものは、政権中枢の指示にもとづく計画的な行為ではなく、雲揚艦長の井上良馨《よしか》など征韓論に共感する軍部内薩派の強硬論に起因する。したがって、政府としては早急に対策を立てなければならなかった。日朝間の外交交渉は、征韓論政変後に朝鮮側でも大院君が失脚し、両国の役人による交渉が進展した時期もあったが、思惑違いから再び対立が生じて行き詰まっていた。大久保政権は、事件を突破口に強硬な態度で朝鮮に臨むのか、あるいは従来通り出先の交渉で穏便に解決を図るのかといった対処の方針を、世論の介入を阻止するためにあえて公表しなかったので、新聞各紙は征韓・非征韓の立場に分かれて論争を展開している。しかし実際には、即時征韓論を沸騰させた征韓論政変、さらに諸外国の批判と日清開戦の危機を招いた台湾出兵での苦い経験をふまえ、財政破綻と士族復権を招きかねない対外戦争は避けるとの立場は固まっていた。なお、事件に対する士族の態度は全体として静かで、生計の維持に専念する者が多く、即時征韓論に付和雷同する顕著な動きはみられなかった。ただ、不平士族たちは隙をみて政府の弱腰を突こうと待ち構えており、木戸孝允は槙村正直《まきむらまさなお》京都府知事への書簡で彼らの動きを「過激な輩は、現政権では決して征韓などできないとし、政府の人事を一掃して基礎を固め、そのうえで征韓を実行すると言い立てて、盛んに煽動に努めている」と述べている。戦争を避けるにしても、妥協的な態度を表面に出せば不満分子を刺激する恐れがあった。そこで、大久保政権は軍艦と護衛兵を付けた国使を朝鮮に派遣するという強硬な姿勢を示し、一方で欧米諸国には内々に平和的解決の方針を説明して日本流の〝黒船外交〟断行を了解させ、朝鮮に開国と通商を迫る方針を採る。つまり、対外戦争を回避して国内治安を維持し、かつ列強に先んじて近代的国際関係を朝鮮に強要して国家の威信を向上させようとした。明治八年（一八七五）一二月、特命全権弁理大臣黒田清隆と副大臣井上馨の朝鮮派遣が決定され、翌年一月六日に品川を発った。酒乱と短気で知られる二人だが、あくまで和約を結ぶことを主とし、本来の目的である通商関係が構築された場合は賠償とみなして「問罪」＝武力行使から手を引くという使命を理解していた。

なお、国内では攘夷派の流れをくむ一部の過激な守旧派が、頼りにしていた島津久光の罷免に憤慨してテロをも辞さない構えをみせていた。三条実美などは岩倉具視に、「一揆暴動の類は多人数によるので予知できるが、暗殺は数名の決意に発するので、なかなか探索も届かない」と心配顔で述べている。しかし、政府の密偵は彼らの動向を完全に把握しており、翌年一月に鹿児島県士族中山中左衛門《なかざえもん》・京都府平民山本克《かつ》・高知県士族島村安度《やすのり》ら一六名が捕縛された。このうち山本は、元侍講で尊攘派や十津川郷士に思想的な影響力を与えた中沼了三の門弟で、旧尊攘派の策源地である京都の論客として知られ、「四大臣を斬らんとするの建言」を政府に提出し、岩倉・大久保・木戸・大隈は言路《げんろ》を途絶して天皇の権威を損なう逆臣だから首をはねて天下にさらせ、などと唱えたことのある人物である。翌一〇年五月一二日に大審院が彼に下した申渡書には「江華湾砲撃事件に付先鋒を出願し、大挙して朝廷に迫り、当路の大臣を誅戮《ちゅうりく》し、政体改革を謀」ったと記されるが、彼らの摘発は、政府のアキレス腱となっていた朝鮮外交を解決させるに先立ち、最も目ざわりな過激な守旧派を沈黙させる狙いがあった。

江華島の交渉は、明治九年（一八七六）二月二六日の日朝修好条規調印により解決し、もくろみ通り不平等条約を朝鮮に押しつけることに成功した。なお、陸軍卿山県有朋は前もって広島・熊本両鎮台の主力を下関と小倉に前進させ、自分も下関に出張するなど朝鮮側の積極的な抗戦に対する作戦を整えている。さらに第二段として上陸部隊の苦戦・清国の朝鮮救援軍派遣・日本国内での内乱勃発のいずれをも念頭に置いた動員計画も立てられ、その際には天皇を大阪へ移す手はずとなっていた。また、大蔵卿大隈重信も腹案となっている禄制廃止を早めて戦費を捻出する見通しを立てている。もっとも、政府が戦争回避の方針であることはすぐに民間に漏れており、士族の間では関門海峡の両岸に集結中の軍隊は朝鮮攻略が目的ではなく、即時征韓論者の暴発を阻止するためか、あるいは鹿児島士族に対する威圧と観測されていた。九州と本州の連絡を断つ兵力動員は、士族反乱鎮圧の予行演習的な意味を持っていたといえよう。

ともあれ、反政府勢力の集結点となっていた朝鮮との国交問題は解決し、対外戦争の可能性は当面のところ消滅した。その結果、外交は国内政治による束縛から大幅に解放される。強硬派の軍人と不平士族が戦争を通じて結託する危険性もなくなった。「海外雄飛」の熱意は大陸浪人など個人的なかたちで受け継がれるが、少なくとも不平士族の集団が外征の表舞台に立つ機会は失われた。彼らは代弁者たる島津・板垣の失脚に続いて、征韓という共通目標も失う結果となる。大久保政権は新聞紙条例や讒《ざん》謗律《ぼうりつ》を容赦なく適用して新聞記者を処罰するなど言論弾圧をエスカレートさせ、さらに反政府派の動向を逐一把握して締めつけを強化するなど追い打ちをかけた。たとえば、不平士族の巨頭であった山口県士族で元参議の前原一誠と、東京にあって彼と気脈を通じている元会津藩士の永岡久茂《ながおかひさしげ》は一月の一斉摘発を免れたが、大警視川路利良《かわじとしよし》は大物の彼らを撲滅できる機会を狙うため、わざと泳がせておいたのだろう。川路は、同時期に鹿児島県人の間諜を西郷・桐野の密使と称して萩に送りこみ、前原に武器援助の話を持ちかけて大いに煽動し、政府に敵対する心事を存分に吐露させた。後日、念のために鹿児島に連絡し、初めてはめられたと知った前原は大いに狼狽し、同じ松下村塾門下の品川弥二郎に説得されて、しばらく身動きが取れなくなる。

　内外の危機を取り払って勢いを得た政府は、華士族に残されていた特権の廃止にも遠慮なく着手していく。まず、明治九年（一八七六）三月二八日にいわゆる廃刀令が布告された。廃刀令は明治九年太政官布告第三十八号のことで、「自今大礼服着用並に軍人及び警察官吏等制規ある服着用の節を除くの外、帯刀禁ぜられ候条、此旨布告候事。但《ただし》違犯の者は其刀取上げるべき事」とある。刀を帯びることは、武士にとって護身の目的とともに身分を示す標識の意味があり、その習慣は明治四年八月に礼服着用の節を除いて脱刀が自由となったのちも多くの旧藩士族に踏襲された。ただし、世論はしだいに武器を携えた者が往来するのは野蛮な風習だと認識するようになる。さらに、士族が常職を喪失したのちも、武職のシンボルである刀剣を士族だけが帯びていることは、治安上の問題もさることながら国民皆兵という徴兵制の原則と矛盾し、軍隊の権威を損なうとの批判が陸軍からあがっていた。そこで、士族一般がかつての武士と異なる存在であることを、帯刀の権利を抹消することによって明確に示し、さらに軍人・警察官・官吏を武士にかわる存在として位置づけることが図られたのである。

　廃刀令に対して、「吾神聖固有の道を守り、被髪脱刀等の醜態決して致す間敷然らしむ」と誓約していた熊本敬神党（神風連）は憤慨し、加屋霽堅《かやはるかた》は「我神国の霊物長技たる刀剣を廃《す》ては、固有の皇道何を以か興復すべき」と政府に抗議している。ただし、七ヵ月後における彼らの決起は廃刀令のみに帰着するものではなく、開化政策すべてに対する抵抗だった。また、廃刀令は帯刀の特権を華士族から奪うだけで、豊臣秀吉やマッカーサーが行ったような刀剣を没収する措置ではない。したがって、〝帯刀禁止令〟という言い方がより適切であろう。現在でも審査と登録を条件に日本刀の所持は認められている。なお、地方の士族には脱刀になじめず袋に納めた刀を携えて闊歩する者もいたが、大部分は散髪脱刀の時流に順応していった。

禄制廃止の最終決定

廃刀令が布告された翌日の明治九年三月二九日、大蔵卿大隈重信は「家禄賞典禄処分の儀に付伺」を政府に提出し、禄制の最終処分に着手することを求めた。明治六年一二月に創設された家禄奉還制度は、士族の就産がきわめて不成績であることを理由に、前年七月に中止されている。しかしこれは、より適切な就産方法を設定しようといった配慮ではなく、任意の家禄奉還制度を強制的な禄制廃止に切り替えるための仕切りなおしだった。大隈としては即座に禄制の最終処分に移行したいところで、明治八年九月には地租金納化の進捗を背景に、家禄・賞典禄を全面的に現米から金禄に切り替え、全国一斉の処分が可能な条件を作り上げた。同時に、禄制廃止の具体案として「華士族家禄処分方之儀に付正院上申案」が作成される。上申案は、武士が久しく世襲の禄を食んできたことは国家の不幸であったとし、廃藩置県や徴兵制によって家禄を支給する根拠が失われたのちも、家禄を家産と誤認する者がおり、なかには禄制の根本を知らずに永久に所有できると心得違いをする者がいる始末だと嘆く。そして、いまや断然と前途の方向を確定する機会であると次のように唱えている。

家禄なる者は、曩《さき》は武門政権を奉還して朝綱維新に属するや、是れ即ち封建中の約は既に消尽するの時にして、仮令《たとい》永世の家禄と云ふとも直に之を廃するに於て、素より妨げ無かるべし。然るを尚《な》を之を存し、荏苒《じんぜん》今日に至る者は、特《と》くに情勢の已むを得ざる所にあるに出るのみ。

つまり、維新前の約束など紙屑も同然で、家禄に既得権のようなものは存在しないとする。これは大蔵省の終始一貫した立場だった。そして、政府の歳入は国力に従いつつ、生産振興や運輸拡充など国家有用の事業に用いるべきだとし、それを実行するうえでの最大の障害となっているのが歳入の三分の一を費やす家禄・賞典禄だとした。ただし、無償でそれらを剝奪するわけにもいかないので、やむをえず家禄・賞典禄はすべて政府の負債と見なすこととし、三〇年間でこれを償却するため、新たに金禄公債証書を発行するものとしている。家禄を公債証書に改める意義について大隈は、「有用の財を以て無用の人を養ふ弊を芟《か》り、又無益の人をして有益の業に就かしむる」ことができ、国家の便益としてこれに勝るものはないと述べ、前年の巨商小野組の破産にみられるような金融の閉塞状況も、市中に巨万の公債が資本として出回ることで解決が図れるとした。しかしながら、政府は江華島事件、島津久光・板垣退助の辞職、日朝修好条規調印と多難な時期に見舞われ、禄制の最終処分を政策決定するには、まず政局の安定を待たなければならなかった。したがって、明治九年三月における「家禄賞典禄処分の儀に付伺」は、大蔵省としては満を持しての提議であった。

なお、八年九月の上申案では家禄・賞典禄とも永世禄は一〇ヵ年分、終身禄は六ヵ年分をすべて公債証書で一時に下付し、一ヵ年八パーセントの利子を付けることとなっていた。家禄奉還の場合は現金・公債で永世禄六ヵ年分、終身禄四ヵ年分だったが、①禄税分は差し引いて計算する。②全額を公債で下付して現金の給付は行わない。③元金の払戻しに三〇年をかける。④地所の廉価払下げなどの優遇措置を今回は行わない、といった条件を勘案すれば、両者のつりあいを保てるとした。そして、明治九年三月の伺の段階では、禄高に応じて永世禄の場合は年限が六ヵ年分―一三ヵ年分、利子は五分利―七分利と、よりきめ細かく設定され、廃藩以前の改革と同様に上損下益の方針がとられている。これは下級士族に配慮したものといえよう。なお、最終的な政府決定は、五ヵ年分（金禄七万円以上）―一四ヵ年分（同二五円未満）までと設定されている。

政府内の士族保護論

何ら生産することなく家禄のみに頼って生きる華士族は、大蔵省によって「無用の人」と位置づけられた。大蔵官僚は理財第一であり、また国債頭の郷純造《ごうじゅんぞう》など早々に禄を失った旧幕臣のエリートなどは、自立できない旧藩士族を冷めた目で見ていた。しかし、士族を有用な存在ととらえて保護を求める立場も、前章でみた『郵便報知新聞』の論説などのように少なからずみられる。また、政府内においても士族を「無用の人」とせず、彼らが無為徒食の状態にあるのは、士族たちの努力不足もさることながら、政府が適切な役割を与えていないからだと同情する議論も存在した。その典型が、のちに明治憲法の起草に関わることとなる井上毅《こわし》である。

明治八年、司法省五等出仕だった井上毅は大久保・伊藤両参議に宛てて「士族処分意見」を提出している。日時は不明だが、文中で金禄改定に言及しているので、少なくとも九月以降と思われる。この中で井上は、維新を経てようやく統治全般が整ってきたものの、士族の処置が困難な問題となっているようだが、これは政府が士族の「用」を知らないためであるとし、彼らの存在意義を次のように述べている。

今先づ士族の用を説かん。蓋《けだ》し士族は国の精神なり。今日の士族あるは、国の幸福なり。各士の世態を視るに、国の独立を持し開化を進むるは、往々官に非ず農に非ず。一種中等の族類ありて、之が勢力を為すに由る。

続いて中国の紳士やインドのバラモン、フランスの自由職業人《リーブル・プロヘシオン》を引き合いに出し、そうした「中等の族類」が文明に寄与してきたことを強調し、以下のような内容のことを述べている。

「そもそも日本の士族は戦士だったが、徳川治世の太平の世で文士の性格も帯びるようになり、さらに維新後に軍役の義務を解かれたことで純然たる文士となった。したがって、彼らこそが教師や医者、法律家といった自由職業人に最も適した存在というべきであろう。しかしながら、士族は無理に帰農商して財産を失い流浪する者が二三割で、官職を求めてもすでに席がなく、座食窮乏のすえ天下に事あることを望む者が半数近くにおよぶ。一方、政府の処置はどうかというと、士族に義務を与えず、職業を勧誘せず、あたかも敵視するがごとくである。したがって士族の怨望は沸騰寸前であり、ここに不軌《ふき》の士が現れて煽動すれば枯れ葉に火をつけるようなものだ。士族の反乱など恐れるに足りないとする者もいるだろうが、英雄西郷が下野した明治六年の後は、その前の草莽志士の決起とは状況が異なる。建武の中興が一朝にして瓦解したことを顧みよ。幸いにも、士族はいまだ政府から完全には離反していないので、早く策を講じなければならない」。

井上毅は、急務は「士族を厚くして其用を収むる」ことだとした。具体的には士族に特別な学校制度を設けて子弟を教育し、また士族を貴族待遇する一方で廉恥を破る者は除族する。また、平民で学力があり国に功労のある者は士族に編入し、大いに士族を先導して共に開化を促進させるのがよいとした。要するに、士族を名誉を保つべき存在として位置づけ、教育を充実し、一般の平民と峻別するべきだとしているが、その理由は彼らのみが国家への義務を知っており、甘んじて「王室百足の虫」となり、百般の学問を起こすことができるというものだった。のちに士族授産の議論が盛んとなった際も、彼は士族に与えるべきものは産業より教育だと唱えている。

なお、井上は秩禄処分の実施を二〇年は見合わせるべきだとする。そして、これまで士族の家禄を削減し、禄税を賦課し、米禄を金禄に改定したのは、指を切って手を断ち、さらに体を刻むようなものだと非難し、このうえ禄制を全面的に廃止するのは抹殺に等しい措置ではないかとした。結局、士族への対処は「厚くして其用を収むる」か「之を屠《ほふ》て余類無《なか》らしむる」かの二通りしかないが、財政的理由から禄制の維持を責める者もいる。しかし、会計が今日のように逼迫する原因は一〇もの省庁を設け、無駄な役人を多く抱えていることにもよる。士族から禄を奪って路頭に迷わせるか、官制を変革して余剰な官吏を削減するかのいずれが国家百年の計となるか、その難易は誰の目にも明らかではないか、と論じている。

西欧の社会で重要な位置をしめるミドルクラスが日本では脆弱であり、さしあたりその役割を期待できるのは士族しかいないという考え方は、政府内の保守派から自由民権派にまでおよんだが、井上毅の場合は政府の強力な支持基盤として士族の存在に期待している。こうした井上の論理が、大久保や伊藤にどのように受け止められたのかは不明である。ただ、後に岩倉が士族保護論を唱えた際の下敷きとなったことは間違いない。なお、農民の土地所有権を公認する地租改正が本格化する以前は、支配権の残骸である家禄を土地の所有権に転化させようとする案が、後の外相で当時は大蔵省三等出仕だった陸奥宗光《むつむねみつ》や太政官八等出仕木下助之《すけゆき》によって策定されたが、すでに実現の可能性を欠いていた。政府の最高首脳で秩禄処分に正面から異論を唱えたのは、今回も木戸孝允ひとりだった。

木戸は健康不安や大久保たちとの不一致、さらに洋行の希望から勇退を願い出ており、ちょうど大隈の禄制最終処分案が提議される前日の三月二八日に参朝し、参議を免じられて内閣顧問に転じている。大久保の専権への不平不満が多いものの、責任をともなう特定の省卿などには就こうともせず、往年の実行力が失せた木戸は、いまや小うるさい政治評論家と化した観があったが、かつての桂小五郎がいまだに長州閥の重鎮であることに変わりなかった。彼は三月一三日に岩倉具視から、朝鮮問題の解決をうけて近々大蔵省が禄制の最終処分に着手するらしいと知らされ、これに対抗しようと建言書を作成した。その中で木戸は、従来の家禄に対する措置はまったく自分の意にかなっていないと批判しつつ、「数百年の慣習を簡単に撤廃すれば必ず摩擦が生じる。どうか地方ごとの景況や禄制の経緯を考慮して、当を得た処分を実施してほしい。やむをえないならば、家禄の年数をより緩和させるなど士族が立ち行くように寛大な御措置を望みたい」と述べている。

木戸が就いている内閣顧問は、閣議に出られるという以外は具体的な権限を持たないポストだった。しかし、岩倉具視や大久保利通ら内閣の構成員たちも、反対必至の木戸をまったく蚊帳《かや》の外に置いて禄制廃止を正式決定することだけは遠慮し、四月二六日に三条太政大臣邸で行われた評議に彼を加えている。木戸はここで大蔵省案は苛酷すぎると異論を唱え、士族が困窮して飢餓に陥れば国内に不融通を生じ、また全国の知力を閉塞し、国家全体に与える損失ははかり知れないと主張した。しかし、彼以外に大蔵省の案に反対する者はいなかった。五月一五日にも岩倉邸に大臣・参議が集会して禄制が評議されたが、木戸は加わっていない。伊藤博文もいまやすっかり大久保に近くなっている。大久保は八日後の五月二三日に天皇の奥羽巡幸の先導として東京を離れ、木戸も随行のため六月二日に出発している。七月二一日の還幸まで政府の中枢は休暇状態となるので、おおよその方針はこの日に決定したのだろう。そうとは知らず、木戸は一九日に三条を訪問し、数時間にわたって意見を開陳したが、参議には大蔵省案に不同意の者はなく、遠からず決定の運びになるだろうとの感触を得ている。一方、内閣側としては彼に決定の経過を説明しないわけにはいかないので、翌日に岩倉が木戸を訪ね、「過刻の所分に陥らざるを得ず」との事情を伝えた。これに対して木戸は、軽々しく評決して一五〇万を数える士族の生活を破壊しないようにと釘を刺している。彼の目からみれば華士族の制度は中途半端なままであり、保護策も確立していないなかで禄制廃止を決定するのはあまりに拙速と映った。

大久保利通や大隈重信は、政府の誘導奨励によって産業の近代化と国家富強の基礎を確立しようとしており、そのためには速やかに「有用の財」を創出することが不可欠だった。国民の一部が変動の波に苦しむとしても、全体的に国力を増強することが彼らにとっては重要である。国家全体の方向を決定する際、気の毒な人々の立場にのみ立脚するのは、人気取りにはなっても為政者の責務を果たしたとはいえない。しかし、幕末の志士活動などを通じて民意の重さを認識している木戸孝允は、まず民治を安定させて漸進的に国民を進歩へと導くことが先決だとした。ドイツから帰国して大久保内務卿の部下となった品川弥二郎に「一新已来命令の疎漏より士農商とも生活路を失し候もの少なからず。呉々も丁寧に有之度《これありたく》」と述べているように、一方的な改革によって国民生活が急激な変動にさらされることを不可とし、民意の軽視を憂慮している。そして、地租金納で生活破綻をきたした農民たちの一揆に対しては、「人民の生活上より歎訴歎願候はいかにもあわれ千万、謀反いたし候ても加勢いたし度ここ地」などと深い同情を示した。

金禄公債の発行

東北巡幸に随行した大久保利通らが七月二一日に帰京すると、早くも二五日に金禄公債発行に関する協議が再開される。そして、二八日に大久保が「禄制の事、弥《いよいよ》御治定」と日記に書いているように、とんとん拍子で可決され、八月五日に明治九年太政官布告第百八号布告として金禄公債証書発行条例が公布された。

華士族制度の確立が秩禄処分の断行に不可欠な条件だとする木戸孝允は、駐ドイツ公使の青木周蔵を通じてパウル・マイエットを招聘し、貴族制度や秩禄処分の調査を命じていたが、財政的見地だけで禄制の最終的処分が断行されたことに大いに不満で、八月四日の日記に「実に政府諸士の主意更に了解する能はず。近来人民の急進論を厭ひ、政府上において抑圧するものあり。然るに行政上の事にとり候ては、却て政府上において急進の事跡少なからず」と記し、大久保や大隈を急ぎすぎだと批判している。

禄制廃止後の士族の将来について、大隈は「漠然たる者と雖《いえど》も、亦《また》必ず有限の財なるを知り、自ら処身の計を処すに至らん」と、かなり楽観的に考えていた。もともと大隈は、健全財政論の井上馨と異なって、積極的な財政の支出を通じて産業の活性化を図ろうとする立場だった。ただ、公債受給者の〇・二パーセントに満たない旧藩主

表４　金禄公債証書の交付状況

金禄高（推定現石）	利子	年限	受取人員	総発行額	一人平均	左の年収入	金利の対旧収入比率
1,000円以上（220石以上）	5％	5年～7年6ヵ月	519人 0.17％	31,413,586円 17.99％	60,527円	3,026円35銭	34～44％
100円以上（22石以上）	6％	7年9ヵ月～11年	15,377人 4.90％	25,038,957円 14.34％	1,628円	97円68銭	46～74％
10円以上（2.2石以上）	7％	11年6ヵ月～14年	262,317人 83.67％	108,838,013円 62.32％	415円	29円5銭	88～98％
売買家禄	10％	10年	35,304人 11.26％	9,347,657円 5.35％	265円	26円5銭	
合計			313,517人 100％	174,638,215円 100％	557円		

石井寛治『日本経済史』より

層は公債総額の約一八パーセントを取得し、投資家などに転身する可能性が与えられたのに対し、幕末以来かなり困窮していた士族の大部分は平均で年二九円五銭の利子収入しか得られず、それだけでは最低限の生活を維持するのがやっとという状況であった（表4）。そして、金利生活者と化した華士族にとって最も生活を脅かすものは物価高騰だったが、西南戦争による不換紙幣の大量増発と、明治一〇年代前半の大隈による積極財政で増進したインフレは、彼らを苦境に陥れることとなる。

政府は金禄公債証書発行条例に付随し、いくつかの追加措置を施行している。まず第一に、八月一日に公布された国立銀行条例改正により、金禄公債証書を銀行設立資本に充当することが可能となった。その結果、各地に続々と銀行が設立される。多くの士族が株主となったが、そもそも大隈が意図したのは通貨供給の拡大による民業育成であり、これも士族保護と直接には結びつかない。株の多くはすぐに士族の手を離れ、経営も商人などに移った例が多い。

第二に、金禄公債証書は追って指令があるまで名義変更や質入れ、売買の契約が凍結された。これは、金禄公債証書発行条例を審議した元老院の提案にもとづく。八月一日に条例案が元老院会議に回された際、議官の柳原前光《やなぎわらさきみつ》は、公債証書が支給されると士族が一斉に現金化に走って相場が暴落するおそれがあり、また悪徳商人が横行して士族から公債証書をだまし取ることもありうるので、「此の公債証書は追て政府の命令に及ぶ迄、売買且抵当に用ゆることを得ず」という条項を加えることを提案した。これに対して福羽美静《ふくばびせい》は、世襲の家禄も公債証書となった以上は完全に個人財産であり、行政がその所有権に制限を加えることはおかしいと述べる。そして士族が零落したとしてもそれは個人の失策であり、貧民として対処する方法を別に設ければよいとした。佐野常民《つねたみ》はこれに反論し、実業の経験がない士族から禄を奪う以上、彼らが生業に就けるように誘導するのは政府の義務ではないかと述べ、さらに陸奥宗光は、国内治安の安定が士族の向背にかかっている以上、たとえ姑息な策であろうが「国安を維持するに付て、行政上の処分は重箱の中まで手入してよきことなり」などと発言した。このように、士族保護のあり方や金禄公債証書の性格を含めて議論が百出したが、一八人中一三人の賛成により柳原の提案は可決される。右のような、金禄公債証書の所有権を政府側が制限して華士族の保護を図る方策は木戸も考案しており、公債証書を府県が保管し、資本家から担保を確保したうえで事業資金として貸付け、その利子を華士族に配当させるというプランを用意していた。また、条例の施行を三年間猶予し、華士族に前もって覚悟する期間を与えるべきだとしている。一方、大蔵省としても交付前に公債証書が勝手に士族に処分されたり、知らないうちに抵当権などが付けられれば現場の混乱を招くので、この提案に同意した。しかしながら、元老院の議官が述べたような華士族保護の意図はそこに含まれず、あくまで事務手続き上の措置であり、明治一一年（一八七八）に公債証書の下付が開始されるとただちに凍結が撤廃された。

第三に、九月二七日に明治九年太政官布告第百二十三号布告が公布され、「禄高に関し種々願出候向もこれあり候得共、本年八月第百八号布告を以て禄制改定候に付、総て現今の処置を以て定度とし、如何様の事実これある共、一切採用致さざる候」こととした。すでに述べたように、旧藩庁や大蔵省の禄高算定に際しては、官吏の手違いや不公平など弊害が生じ、多数の修正要求が出されていたため、政府は明治六年

（一八七三）二月に、同年三月三一日を期限として禄高引き直しの請願を受け付けた。そして、その後もやむをえないものについては修正を認めるなど、ある程度は柔軟な対応が示されたが、金禄公債証書発行条例公布を迎えて政府は禄制の最終処分を迅速に断行することを最優先し、禄高の修正を全面的に拒絶して全体額を固定させた。しかし、禄高の復旧を要求する士族たちには確実な証拠を有する者もいたので、こうした門前払いの措置は彼らの憤激を買うこととなり、「家禄の不当処分」として執拗に復禄運動が繰り返されることとなる。政府は対応策として、後述する士族授産金とは別に廃禄者授産金を設けて彼らの救済を試みているが、根本的な解決策とはならず、結局は帝国議会の議員立法によって、明治三〇年（一八九七）に家禄賞典禄処分法が制定され、第百二十三号布告は撤廃された。これにより、復禄請願を審査したうえで、正当な理由がある場合は差額が支給されることとなる。請願のほとんどは却下されたが、大蔵省は昭和期に至るまで家禄の修正要求に追われた。

第四に、禄制廃止は鹿児島県士族に対して多少有利になる追加措置が設定された。明治九年一二月一一日の太政官布告第百五十二号布告により、廃藩前から売買が許されていた家禄に限り、石高の多寡にかかわらず一〇ヵ年分を公債証書に改め、明治一〇年から年一割の利息が支給されることとなる。これは、金禄公債証書発行条例が定めた最大七分の利子を上回るが、もっぱら旧鹿児島藩士族を念頭に置いた措置で、私学校の士族たちの圧力を背景にした鹿児島県令大山綱良の強い手腕で実現した。彼らによれば、旧鹿児島藩の売買禄は、荒地を藩士が自力で開墾した収益によるもので、もともと転売可能な私有財産であり、他の家禄とは起因するところが異なるという。しかし、秩禄処分は全国一律に施行するのが原則であり、特別な事情が存在しても例外規定は認められなかった。したがって木戸孝允は、もしも売買禄が金沢や仙台での話なら、このような特例が通るはずはないと述べ、鹿児島士族だけが得をするようでは慨歎にたえないとし、大久保は出身地の鹿児島に甘いと批判している。一方、大久保にとってみれば、内務卿として国家全体の安定を考えた場合、全国士族一五〇〇万のうち二〇万人の人口を擁し、精強な軍事力を有する鹿児島士族の鎮静は、自分の出身地かどうかにかかわらず不可避の課題だった。それでも木戸は明治三年の脱隊騒動で身内を切る苦渋を味わっており、それにひきかえ鹿児島士族の優遇は不公平だと納得しなかった。

このほか、明治一〇年八月二三日には「禄制廃せられ候に付ては、明治十年一月以降、律例中収禄並功俸賞禄追奪の儀は、総て廃されたる者とす」として第五十八号布告が公布された。もともと家禄は与奪の権限が政府に属し、刑罰と不可分の関係に置かれていた。したがって、犯罪などを問われて族籍を奪われた者は自動的に家禄も没収されている。しかし、金禄公債となったうえは完全な私有財産であり、収禄という罰則は廃止されることとなった。この結果、西南戦争に加わった者は金禄公債を受け取っているが、その三ヵ月前に発生した敬神党（神風連）の乱や秋月の乱、萩の乱に参加して除族された者は、明治一〇年一月以前に処罰されたため収禄の処分を適用され、金禄公債を手にすることができなかった。関係者の間からは不公平との不満が生じたが、憲法発布にともなう大赦令で国事犯が復権すると、佐賀の乱による除族者も含めて没収された家禄に相当する公債が政府から支給されている。復禄請願は受理しないとする原則と明らかに矛盾しているが、元勲の多くもかつては国事犯であり、彼らに甘いところもあったのだろう。

秩禄処分と不平士族

戦後歴史学において士族反乱は、代表的研究である後藤靖『士族反乱の研究』にみるように「封建反動」ととらえられ、何ら進歩的要素のない運動とされた。生活者として具体的な要求を掲げて仁政を求める民衆運動と、天下国家的思考の強い士族反乱との間に大きな距離があったのは事実である。しかし、士族反乱の参加者と民権派士族の間には接点も多く、一概に彼らが復古のみを望んだわけではない。

なお、一般的には士族反乱の性格について、金禄公債証書発行によって窮乏化した士族が政府への不満を強めて起こした暴動などとされ、通史などにそうした記述をする歴史家もいる。しかしながら、反乱を起こした士族勢力は、金禄公債証書発行条例が出される以前から政府に敵愾心を示していた集団であり、食い詰めた末の暴動といった類ではない。首謀者の言動や決起の趣意書などにも、秩禄処分を攻撃する文言は見当たらない。ただ、萩の乱を起こした前原一誠が自白書において「つらつら惟《おも》んみるに、維新以来、已に九年の久しきを経ると雖も、聖天子恩沢毫も万民に及ばず、人心下に離れ、且つ功利の説盛んに興り、〔中略〕加之《しかのみならず》収斂苛刻、年より甚だしく、士は其の常職を解き、禄制も亦一変し、怨声四方に囂然《ごうぜん》」と述べるのみである。

明治八年三月創刊の激論新聞として知られる『評論新聞』は、桐野利秋ら鹿児島私学校と深く気脈を通じた鹿児島県士族海老原穆《ぼく》が運営し、編集者にも士族反乱の人脈とかかわりの深い人物をそろえていた。同紙は明治九年三月に禄制廃止の動きがあることを報じ、次のようにこれを当然とする論評を掲載している。

「御最も千万」（鳥居正功）

「恰《あた》かも一箇の家産を確定するが如くにして、其常禄を与ふると相距たること遠か

らず」（伴盛義）

「我輩は切に希望す。今度こそ我が政府は大号令を下し、以て断然之を廃せられんことを」（小松正胤）

『評論新聞』は、「圧制政府転覆すべき論」と題する投書を掲載して抵抗論に好意的な批評を加えるなど、テロを公然と肯定する過激な論調を展開したために政府から弾圧を受け、明治九年七月に発禁処分が下された。しかし、発行元の集思社は『中外評論』と誌名を改めてただちに活動を再開しているが、その創刊号においても、「今や国民の権利に萌生し、国家の貧困日に迫るの時に際し、家禄を全く廃止するは至公至正の条理」だとし、「此機に乗じて全く廃止せず、剰《あまつさ》へ永年を期して禄券を発行するが如きは、小恵に過るの看を做《な》す者なからんか」と、金禄公債発行などとは手ぬるいと政府を攻撃している。彼らが政権批判を飯の種にする立場であることも考慮しなければならないが、少なくとも禄制の温存を唱えるような態度はまったく示していない。

士族反乱を起こした勢力の批判は、特権温存など族籍の利害に立ったものではなく、集権化・西洋化を主軸とする政策全般に向けられている。ただ、不平士族は征韓派・守旧派・民権派と立場が多様で、しかも旧藩単位での結束を基礎としているために、幕末の尊攘激派や明治一〇年代以降の自由民権派と異なって、横断的な結合がきわめて未熟であった。それでも、対外的には欧米に屈従して国権が振るわず、国内的には少数の者が決定権を独占し「有司専制」を行っていると大久保政権を批判し、海外進出と公論尊重という維新の原理に回帰することを唱える点は共通している。より本質的には、政府が士族を適切に処することがなく、役割を与えていないことへの欲求不満に帰着するであろう。明治一〇年六月に片岡健吉らが国会開設を求めて提出した立志社建白書は、政府を批判する箇条に「士民平均の制を失するなり」との項目を掲げ、「維新以来、国家の禍乱ある毎《ごと》に、其率先たるもの必ず士族なり。其不平の心、不灑の気、固より憎む可《べ》しと雖ども、不平不灑を養就するもの、還《ま》た大政の総理を錯《あやま》るもの多し。夫《そ》れ人憂愁の心は、労苦して為す可き事なきより太甚《はなはだ》しきはなし」と不平士族の心情を代弁している。

当面の共通目標を失ったうえ相互連絡も密接でなかった不平士族は、政府が禄制廃止を断行して士族への締め上げを強化した明治九年の秋に逐次蜂起した。一応の連絡はあったものの散発的で計画性に欠け、目的も「官吏を芟除《せんじょ》」「皇運挽回」などと明確ではなく、さらに多くは行動が密偵などを通じて事前に政府側に読まれていたので、たちまち各個撃破される。規模も数十人から数百人単位で、地租改正反対の農民一揆とは規模が二桁も下回っており、大隊程度の兵力で鎮圧可能だった。

口火を切ったのは、熊本における太田黒《おおたぐろ》伴雄《ともお》・加屋霽堅《はるかた》ら敬神党一九三名の蜂起である。彼らは神秘主義的な神道の信奉者で、県庁に「神風連」と呼ばれた。征韓も征台も士族の不満を海外にそらすものと同調しなかったが、政府の欧化主義に強硬に反抗し、とくに廃刀令は神国の風儀を否定するものと憤激している。一〇月二四日、彼らは「宇気比《うけい》」という儀式で神意を占ったのち、刀槍のみを携えて挙兵した。他の不平士族集団と異なり、敬神党は県庁に狂信家とのみ認識されて事前に十分な内偵がなされておらず、彼らの夜襲は完全な不意打ちとなり、政府側は熊本県令安岡良亮や熊本鎮台司令長官種田政明少将など、県庁と鎮台の幹部多数を闇討ちされる大損害をこうむった。敬神党はさらに鎮台に斬り込んだが火器を持っておらず、難を逃れた与倉知実中佐の指揮で態勢を立て直した鎮台兵に撃退され、結局、参加者の七割が戦死あるいは自決するという結末を迎える。

続いて二七日には、国権拡張を唱える福岡県旧秋月藩士族二三〇名あまりが蜂起して小倉営所を破ろうとしたが、あてにした元小倉藩の豊津士族が離反して壊滅する。翌二八日には萩で、元参議の前原一誠が山口県士族約三〇〇名を率いて挙兵したが、政府側の迅速な行動で簡単に鎮圧された。前原に呼応して千葉県庁を襲撃しようとした元会津藩士永岡久茂らも、東京思案橋で行動前に警官隊に包囲されて乱闘の末に捕縛されている。

西郷隆盛や桐野利秋ら私学校の幹部は、時機が訪れるまで勢力の温存に努める方針であり、他県の士族反乱にも動揺しなかった。大久保も、西郷が動かなければ私学校は動かないと確信している。ただ、西郷らが期待した対外戦争の機会は大久保の手腕ですべて解決され、各地の不平士族も反乱鎮圧や分断工作で弱体化し、鹿児島は孤立の度合いを強めていた。そうしたなか、明治一〇年（一八七七）一月に私学校の急進派は、政府が撤収作業を進めていた草牟田《そうむた》弾薬倉を襲って武器弾薬を奪った。私学校をつぶす口実を得た大久保は、「朝廷不幸の幸と心中には笑を生じ候位にこれ有り候」と伊藤博文への手紙で述べている。一方、西郷はこの軽挙妄動を耳にして「しまった」と絶句したという。しかし、私学校の若者たちを見捨てることはできず、「わしの身体をやる」と率兵上京に同意した。兵威によって政局の転換を図る方法は、幕末に鹿児島藩が好んで用いたが、西郷たちには大久保政権にかわる具体的な政治構想がまったくなく、大警視川路利良が送り込んだ探偵を拷問して西郷刺殺計画を自白させ、これを出兵の根拠とした。鹿児島県庁から熊本鎮台に送られた通知書には「今般政府に尋問の廉これあり」とあるのみで確固たる名分はない。それでも薩軍の将兵は、西郷が動くというだけで十分だった。ただ、彼らの作戦は陸路を真っ直ぐ北上して熊本鎮台と正面から勝負するというもので、政府軍を甘くみた愚策とされるが、熊本城陥落による宣伝効果をねらったともいわれる。熊本士族も反政府の立場から合流し、このほか飫肥《おび》や中津など現在の宮崎・大分両県の士族も続々と参戦している。熊本城が陥落すれば、全国各地の不平士族が不穏な動きを示したかもしれない。

整列して西郷大将一行を迎えろと愚弄された熊本鎮台では、司令長官の谷干城《たにたてき》少将らが徹底抗戦の意志を固めて熊本城に籠城した。強襲に失敗した薩軍は、城を包囲しながら南下する政府軍を田原坂《たばるざか》でくい止める両面作戦を展開する。熊本城陥落と田原坂突破のいずれが早いかが勝負の峠だった。政府軍は野太刀自顕流《のだちじげんりゅう》で斬り込んでくる薩摩兵に苦戦したが、士族出身の警官で抜刀隊を編成して対抗し、半月にわたる死闘のすえに田原坂を突破した。さらに日奈久《ひなぐ》に上陸した部隊が背面から薩軍を攻撃し、落城寸前の熊本城を解放する。薩軍は人吉をめざして敗走し、勝敗はほぼ決した。その後も薩軍は脅迫まがいの方法で兵力を集めながら転戦したが、政府軍は人吉・都城と追撃し、八月一五日までに薩軍を宮崎県長井（延岡市）に追い詰めた。ここで西郷は軍の解散を命じ、自分は手勢を率いて可愛岳《えのだけ》を敵中突破して九月一日に鹿児島へ帰還する。政府軍は西郷らが立てこもった城山を大軍で包囲し、二四日に総攻撃を行った。岩崎谷の洞窟から突撃した西郷らは戦死し、七ヵ月の戦いが終わる。

私学校は士族の最強勢力だったとはいえ、海軍を持たないうえ補給に限界があり、最初から戦略的に不利だった。東京では平時を強調するかのように大久保たちの尽力で内国勧業博覧会が盛大に開かれ、イベントとして大成功を収めている。しかし、西郷や前原らが本気で勝算を見込んでいたかは疑問である。一種の集団自決ともいえるだろうが、彼らは武士的な価値観を固守し、一命をなげうって抵抗する気概をみせることに自らの役割を見いだした。西郷のカリスマ性は死後も生きつづけ、日本人の抵抗精神の象徴となっていく。しかし、戦火に巻き込まれる一般の人々を度外視した無謀さは、政治と民意の調和を重視する木戸孝允には我慢ならなかった。彼は重病に陥りながらも戦局の推移を気にかけ、「西郷もまた大抵にせんか」などとうわ言を述べつつ五月二六日に他界する。

政府は士族反乱と農民一揆が合流することを最も警戒し、地租軽減で農民を懐柔しているが、農民と士族の利害は根本的に対立していたので両者の合体はみられなかった。ただ、薩軍には熊本の宮崎八郎や中津士族の増田宋太郎など民権家も加勢し、自由民権運動の根拠地である土佐立志社でも林有造らが西郷を支援しようとした。しかし、板垣退助は刺客云々という私事を名目に挙兵した西郷は江藤や前原にも劣るとし、言論によって専制政治と対抗する運動を継続して勢力を温存する。国会開設運動は士族と農民の立場を一致させ、全国的運動へと展開した。

見逃せないのは、士族の大部分が政府側に回ったことである。つまり、反乱に参加したのは士族の一部分だった。政府は士族のリーダーに取り込みと排除の両面で対処したが、政府に率先して協力する士族も多かった。明治九年暮れに地租改正反対一揆が発生した際、地方官は士族を出動させて鎮圧したが、陸軍省は「御政体は勿論、鎮台営所配置の旨趣にも相悖《もと》り、随《したがい》て鎮台司令長官の権限にも関係少なからず候」と抗議している。このため、西南戦争の際は巡査という資格で士族をかき集めて警視隊を編成し、兵力の不足を補った。西南戦争は農民を召集した徴兵軍隊が軍事のプロである士族の最強勢力に勝った戦いとされるが、やはり政府にとって士族の協力は不可欠であり、また政府軍の将校は大部分が士族出身者だった。西郷従道はじめ鹿児島出身の軍人は親族朋友を討伐することとなったが、この戦争は「藩」の立場を脱却できない士族と、「官」の側に立った士族の戦いという側面もあった。そして、全国の多くの士族は勝つ側についた。過激な反政府活動を継続する者や、薩長出身者の壟断《ろうだん》する「官」を嫌う士族も少なくなかったが、彼らも天皇の存在は認めざるをえなかった。このため、政府は自由民権運動に対抗していくに際して、国家義務の遂行者として士族の再利用を図っていく。しかし、西南戦争での多額の戦費支出がもたらしたインフレは士族の多くを没落させ、政府は明治期を通じて支持基盤の獲得に苦しむのである。

第六章　士族のゆくえ

士族授産への着手

華士族をどのように近代社会の中に位置づけていくかについて、政府は必ずしも明確な構図を描いていなかった。そうした状態のまま秩禄処分を先行させたことについて、前章でみた通り木戸孝允はきわめて批判的だった。しかし、華族については「天皇の藩屛」として宮内省の統制下に置き、皇室から一五年間にわたり毎年一万五〇〇〇円が下賜されて困窮者の救済にあてられるなど、岩倉具視らの主導によって一定の保護策が進みつつあった。さらに、第十五国立銀行を設立して華族の金禄公債証書が管理運営され、裕福な華族は日本鉄道などへの積極的な投資も行っている。そして、明治一七年（一八八四）七月の華族令制定により、爵位制を創設するとともに元勲や将官など勲功者を編入するかたちで華族制度は補強され、貴族院の基盤を構築することで、帝国議会開設による民権派の政局参入に備えた。

一方、士族も准貴族化させようとする構想もあったが、結局は族称のみの存在となる。ただ、政府としては、政治的関心の強い士族が反政府運動を主導して過激化することも、士族が窮乏化し無気力となることも好ましくなかった。両方に対処しうる最も有効な策は、何らかの役職を彼らに与えることだったが、公職のポストは物理的に限界があった。そうしたなかで、政府が最も有効な対策としたのが士族授産である。士族にとって実業に就くことは「座食」状態からの離脱を意味した。また、営利よりも国益への貢献を目標に掲げ、国家の中に積極的に自らの存在を位置づけようとする者もいた。たとえば、旧福山藩の江木鰐水は自ら結成した士族就産団体を愛国社と名付け、社員に「一毫も一身一家の利を計るべからず。一意に敬神愛国を以て主とせよ」と求めている。政府側にとっても方向に迷っている士族のエネルギーを実業に向けさせることは、反政府運動の抑制と殖産興業の推進という二重の効果が期待できた。

不平士族を取り締まって国内統治の安定を図るとともに、彼らを産業振興に誘導すべき立場にあったのが内務卿大久保利通である。内務省は「国内安寧、人民保護」を眼目に、地方官の監督や警察機構の拡充とともに勧業政策に力点を置き、各種の事業を計画していたが、あいつぐ内憂外患や財源不足で思うように進展していなかった。大久保は、家禄廃止が決定的となった段階で本格的な士族授産の計画立案に着手する。明治九年（一八七六）五月、大久保は大蔵卿大隈重信と連名で「貸付局設立並に資本手形発行の儀」を建議した。これは、禄制廃止による剰余金を元手に資本貸付機関を設け、民間産業への融資と士族授産事業への資金貸与を行うという内容だった。士族に対する資本貸与は、後述するように明治一〇年代に展開した士族授産政策の中核となる。しかし、大久保の考えはむしろ政府直営による東北地方開墾に傾いていく。

士族による官有荒蕪地の開墾は、彼らの就産と家禄削減をもたらす一挙両得の策として盛んに試みられたが、弱小な士卒の〝口減らし〟的な色彩も拭いきれず、行政側の積極的な支援策も欠けていたので、見るべき成果はほとんどなかった。また、屯田兵制度の創設や旧藩単位の集団移住など士族による北海道開拓も着手されていたが、士族全般に適用するべき手段とはいえず、さらに開拓使の管轄であって内務省が直接所管する事業ではなかった。

明治天皇は明治九年（一八七六）六月二日から二ヵ月近くにわたり東北と函館を巡幸し、大久保はその先導を務めていたが、内務大丞兼地理頭の杉浦譲《ゆずる》は「陸羽地方開墾私説」を作成して出張先に届けた。火山灰台地など未開地が広大に存在する東北地方は、明治初年から北海道とならぶ開墾の好適地とされたが、杉浦は従来の放任的で小規模な士族開墾移住策を批判し、士族の労働力を効果的に運用するためには、資金供給を十分に行うとともに監督規則を厳格にするべきだとした。そして、政府直轄の開墾場を東北地方に設け、自立困難な士族入植者に資本を付与するかわりに、官員を常駐させて強い管理統制を加えるという具体策を提示している。

これに加えて大久保の計画立案に大きな影響を与えたのが、福島県権参事中条政恒の献策である。福島県は士族授産事業として二本松製糸場を支援する一方、郡山の有力者に開成社を組織させ、安積《あさか》原野の開発に積極的に取り組んでいた。中条は大久保を現地に案内しながら、安積原野への士族入植と猪苗代湖《いなわしろ》からの疏水《そすい》開削を強く要望している。大久保もまた開成社の事業を見て、「広大の土地開拓野業粗《ほぼ》成り、実に見るべし」と日記に記すように強い感銘を受けた。

還幸直後の七月二八日に禄制廃止が最終決定すると、大久保は翌日に政府首脳と士族授産の協議を行い、八月一〇日には杉浦譲の提案にもとづいて内務省内に授産局が設置された。その職務は、東北や栃木の荒蕪地を内務省用地として授産局が管轄し、開墾者に資金を貸与するとともに、現地に分局を置いて監督にあたらせるというものである。授産局は官庁機構の縮小を目的とした明治一〇年一月の局課改正で勧農局に統合されるが、開墾地の調査活動は続行され、翌年四月に福島県安積郡対面原《たいめんはら》を適当とする復命書が局長松方正義に提出される。ただし、計画の主任である杉浦が健康を害して病死し、さらに西南戦争の処理に内務省が忙殺された結果、金禄公債証書発行に連動すべき士族授産計画の具体化は遅れていた。また、「竹槍で、ドンと突き出す二分五厘」で知られるように、明治一〇年一月に農民一揆の激発に対応して地租減税が実施され、さらに西南戦争で多大の戦費を要したことから、政府の財政規模は当初の見込みをはるかに下回った。それでも大久保は全国の富強を図るという国家構想を放棄せず、公債の発行によって殖産興業政策の財源を確保することとし、明治一一年（一八七八）三月六日、大久保内務卿の「一般殖産及華士族授産之儀に付伺」と大隈大蔵卿の「内国債募集之儀に付太政官へ上申案」が同時に政府に提出された。

大久保は産業の根本である農業の停滞にくわえ、進路を失った無産士族のもたらす社会不安が国力の伸張を阻害していると指摘し、世情が定まった今日こそ、そうした問題を解決し、国力の増強に努めなければならないと訴え、二年近くにわたる内務省の調査を土台に次のようなプランを示した。

・華士族移住地を選定し、家屋など開墾に必要な物品を備え、一万三〇〇〇戸を入植させる。
・華士族に、居住地より一里内外の官有荒蕪地を貸与する。

・一般殖産を図るために、築港・河川改修などによる運輸の向上を図る。

さらに翌日、具体案である「東北地方原野開墾之儀に付伺」を提出し、福島県安積郡対面原を士族移住地に指定することと猪苗代湖からの疏水開削を提案した。そして、とりあえず二〇〇〇戸の移住費用として六五万円余りを要求し、「該事業は東北地方移住第一着手にして肝要の儀に付」として、福島県に任せるのではなく政府直轄の事業として運営する方針を示している。

これらにもとづき、五月一日に起業公債証書発行条例が公布された。起業公債一二五〇万円は日本における最初の内国債募集となったが、財政不足の状況のなかで国家的課題である殖産興業政策を軌道に乗せるための資金的裏付けを与えるものであり、同時期に制定が進められていた地方三新法（郡区町村編制法・府県会規則・地方税規則）とともに、内治拡充に大きな役割を果たすものと期待された。

五月一四日朝、大久保は士族開墾移住計画の舞台である福島県の山吉盛典《やまよしもりのり》県令の訪問をうけた。彼は山吉に、華士族の現状は時勢のやむをえない結果で彼らの罪ではなく、政府も好んで処分を行ってきたわけではない。この際、理屈にこだわらずに特別の保護を加えたいと士族授産の目的を語り、さらに今後の政治に対する抱負を次のように述べている。

皇政維新以来已《すで》に十ヶ年の星霜を経たりと雖、昨年に至るまでは兵馬騒擾、不肖利通内務卿の職を 辱《かたじけの》うすと雖も、未だ一も其務を尽す能はず。……明治元年より十年に至るを第一期とす。兵事多くして則創業時間なり。十一年より二十年に至るを第二期とす。第二期中は尤肝要なる時間にして、内治を整ひ民産を殖するは此時にあり。利通、不肖と雖十分に内務の職を尽さんことを決心せり。

西郷が近代化に取り残された勢力を背負って城山に陣没し、木戸も民治の安定が官僚主導の犠牲となっていることに憂いを残しつつ京都で病死した。彼らと対立しながら国家の基礎を固めてきた大久保は、維新三傑の中で一人残されたが、政府の主導で国力増進の基礎を固めるという本来の政策目標は内憂外患の連続でほとんど手つかずの状態であり、彼としても本意ではなかった。「内治を整ひ民産を殖する」という大久保の決意の内側には、士族に産業を授けるという問題が大きな比重を占めていた。彼は、国事に参加しようとする意志を持ちながら彷徨している士族に、未開の原野を肥沃な農地に作り替えるという使命を与え、その志を満足させようという壮大な計画にとりかかろうとしていた。

こうした決意を語って馬車に乗り込んだ大久保は、直後に清水谷で待ち構えていた石川県士族島田一郎らに暗殺される（紀尾井町事件）。「有司専制」への激しい攻撃にもかかわらず政府が結束していたのは、大久保の優れた指導力によるところが大きく、彼の突然の死は政局に大きな衝撃を与えた。そして、その影響は彼が陣頭指揮を行っていた士族授産政策にも及ぶこととなる。

起業公債の募集はきわめて順調だった。しかし、大久保が構想した大規模な士族開墾事業は、入植者の旅費や洋式農具の製作・補修といった管理費などを考えると、継続的に莫大な経費がかかり、はたして順調に進んだかは疑わしい。たとえば次官にあたる内務大輔の前島密《まえじまひそか》が、開発は鉄道敷設と北海道開拓に集中させるべきだと唱えたように、省内には異論も生じていた。その結果、大久保の没後に安積原野開墾は疏水事業を除いて縮小され、士族授産の内容も各地の士族による事業団体への資金貸与に改められる。ただし、士族授産金の貸付けは、インフレによる士族の窮乏と国会開設運動の全国的展開を背景に、財政難のなかでむしろ拡大された。そして、木戸孝允の没後に士族の保護を積極的に訴えるようになった岩倉具視は、明治一四年夏に開拓使官有物払下げ事件で世論が沸騰するなか、士族の「勤王心」を政府に結集させる政略として士族授産金の増額を要求し、これを実現させる。しかし、事務を主管した内務省と農商務省（明治一四年四月設置）は、個々の士族の生活支援策としてではなく、あくまで殖産興業の推進策として士族授産を位置づけた。

貸与を受けた士族授産結社は、輸出増大の主軸であった製糸業や製茶業などの方面で先駆的役割を多くの地方で果たし、漆器や陶芸、織物など特産品製造の拡大に成功した例もまれではない。しかしながら、たとえば牧羊業にみるように、輸入削減の立場から欧米の技術を直輸入しようと試み、結局は環境の不適合や販路の狭隘など、国内条件と適合しないために失敗した事業も多い。

全体的にみて士族授産事業は不成功に終わったものが多く、貸付金は帝国議会開設の直前に減免され、ほとんど回収されなかった。不成功の原因は、士族が事業に不慣れで収支の見通しが甘く、原材料や販売先の確保に失敗するケースが多かったことがあげられるが、松方デフレによる景気冷え込みのなかで、事業破綻は当時の一般的現象だった。なお、政府側も士族授産政策への熱意を低下させていた。たとえば、農商務省大書記官前田正名《まさな》らによって明治一七年（一八八四）に編纂された『興業意見』は、士族が生計の命脈である金禄公債をむやみに売却して事業資金を得ようとするのは、事業を起こせば公債の利子より多額の収益が得られるとの皮算用からだろうが、一家を支える財産を経験のない事業につぎ込むのは無理算段と言わざるをえないとした。前述したように、大蔵省は金禄公債の発行にあたって、公債は各種事業に活用されるべきだとし、士族の生活費に温存されることを不可として売買質入れの禁止措置をいち早く撤廃している。したがって、前田の議論は政府の方針としては首尾一貫しないが、当局の勧奨に呼応して金禄公債を実業に投資した士族よりも、これを温存して金利生活を営んでいた士族のほうが、松方デフレによる物価低落も手伝い、安定した生活を送っていたことも確かである。

議会という活動拠点を持たない自由党・立憲改進党が資金難や内紛などで凋落し、さらに士族の非特権族化が華族令によって確定すると、おりからの松方デフレによる農村の荒廃や地主制の拡大を背景に、政府は窮迫・分散化の著しい士族よりも、地方に名望があり経済力を持つ豪農への対処を重視するようになる。そして、士族授産金は貸付審査が当初はきわめて厳格だったが、末期はかなり形式的となり、授産金が未支給となっている旧藩をなくすために、ばらまき的に継続された。成功した士族授産事業も、雇用者数や配当額が少ないため、出資した士族が反発して解散に追い込まれたものが意外に多い。結果的には、士族授産は士族に直接的な利益をもたらしたわけではない。とはいえ、急激な社会変動のなかで方向を見失っていた士族に一時的に活路を与えたことは、民権運動から彼らを遠ざけるという政策的な効果は別にしても、

表5　福知山士族交付の推定金禄公債一覧

身分	員数	家禄	金禄	公債額面	年間利子収入
旧藩主	1人	1,333石	5,225.36円	36,577.52円	1,828.88円
上士，上	35	22	86.24	991.76	69.42
上士	71	16.8	65.86	790.32	55.32
中士	42	14	54.88	658.56	46.1
下士	75	12	47.04	588	41.16

『福知山市史』第四巻による

社会の安定にかなり寄与したといえよう。さらに松方財政のもとでの歳出抑制のなかで、府県にとっては政府資金の貸与による士族授産事業のみが従来の勧業模範事業を継続維持できる手段であり、つなぎとしての役割も大きい。また、士族たちの「最初の失敗」という開拓者的な役割は、今日風にいえばベンチャー・ビジネスの促進に貢献したわけであり、成功例が少数であったり経営主体が平民に変わったとしても、地元に残した効果は大きかったといえよう。

士族は没落したか

士族といえば「不平」とともに「没落」という枕詞がつきものである。金禄公債証書発行により、従来の「座食」の道から遠ざけられて窮迫した士族が多かったことは事実だが、平民もまた近代化による大きな社会の変動に呑み込まれている。また、旧藩士族の窮乏化は維新前から続いていたとも考えられる。「没落」の原因も、①戊辰戦争の敗者に対する懲罰的な削禄や無禄移住、②維新政権の集権政策に応じた藩制改革による家禄の削減と身分の再編、③廃藩置県と徴兵令で常職を失ったのちの帰農商の失敗、④士族反乱での敗北、⑤大隈財政期の超インフレによる金利生活の破綻、⑥松方デフレによる事業の失敗などと多様である。

いずれにせよ、士族の「没落」の理由は秩禄処分と直結させて考えられている。大半を占める下士層に与えられた七分利付公債は一人平均四一五円で、年間の利子は二九円五銭、一日あたり八銭にすぎず、大工職人（四五銭）や土方人足（二四銭）の日給にも劣った。経済史の方面では「それ故、士族の大半は貧窮化し、プロレタリア化していった」（石井寛治『日本経済史』）とされるように、マルクス経済学にいう資本の根源的蓄積の類型として説明される。ただし、右の数値はあくまで平均値であり、旧将軍家の静岡藩や会津から下北半島に移された斗南《となみ》藩、仙台藩など暫定的な救助米が家禄として算定された藩や、もともと微禄のためもっぱら副業で生計を立てていた卒クラスも含んでいる。とはいえ、表5の福知山藩の例をみると、最も高禄の士族ですら一日あたりの利子収入は一九銭である。明治一六年（一八八三）に農商務省が各府県に士族の生計調査を命じた際の通牒では、一家三人で年収七〇円、四—五人で一二〇円以上ある世帯を生計に差し支えない「中等」とし、それを基準に裕福な「上

表6　京都府士族の生活状況

旧藩地	士族戸数	生活程度（割）		
		上	中	下
京都住	2,254人	2	5	3
淀・柳生	859	2	3	5
亀岡	897	1	2	7
園部	237	1	4	5
綾部	170	7		3
山家	92	8		2
福知山	410	2	6	2
舞鶴	507	−	−	−
宮津	790	2	4	4
峰山	144	3	5	2

井ヶ田良治・原田久美子編『京都府の百年』より作成

等」と、ようやく生活を支えられる「下等」に区分しており、さらに赤貧を意味する「無等」が設けられている。このような状況からみれば、官吏や教師、警官など安定した収入を得られる職種に就けなかった士族の多くが没落したのは無理もない。また、西南戦争後のインフレで、米価が明治一三年には同九年の倍になり、利子だけでは最低限の生活すら困難になった。そして、多数の士族が公債を一斉に手放したことから、売値の相場も下落している。

にもかかわらず、京都府士族の生活状況に関する調査によれば、農商務省の調査と基準が同一なのかは不明であるが、福知山士族の生活程度「下」は二割にすぎない（表6）。ここからは、多くの福知山士族が各種の手段を講じ、公債利子以外からの収入で生計を支えていた様子がうかがえる。全体として、京都府の士族は亀岡・園部・淀を除けば半数以上が「中」より上の生活をしている。なお、士族生計調査の結果は、農商務省に集められた書類が散逸し、個人文書や府県側の記録が断片的に残っているにすぎないので、全貌が把握できないのは残念だが、最も詳細な記録は前田正名関係文書（国会図書館憲政資料室所蔵）に含まれる岐阜県の報告書である。それによれば、岐阜県在住の士族のうち三分の一が中等以上の生活を保っているとされるが、伊勢亀山藩出身の小崎利準《としなり》県令ほか他県出身士族の官員などを含む一方、進退窮まって離散した者は統計に現れない。

士族の生活状況は、地理的条件や旧藩が置かれた政治的位置によっても異なるだろう。全国的にみると、士族の窮乏を伝える史料には事欠かないが、地道に生活している様子を示すものも目立つ。たとえば、松方デフレ下の明治一六年（一八八三）に、元老院の議官が手分けして全国を視察した際の記録である『地方巡察使復命書』は、宮城県士族の様子について「維新の際、減禄甚く、為めに生計を失し、妻子離散するに至る者多し」と記しているが、岐阜県士族に関しては「現今士族各郡に散在し、或は農に帰し或は商となり、又は会社を結で物産を製作し」と就業に励んでいる者が多いとし「要するに該県士族は其生活に安んずる者多く、目下凍餓《とうが》に逼《せま》るもの少し」と、さほど零落した者があるとは伝えていない。なお、当時の新聞の雑報欄には、「元家老の餓死」、「士族の妻子が娼婦に」、「もと直参旗本の人力車夫」といった調子で没落士族の惨状を伝える記事も散見されるが、興味本位的な雰囲気が漂う。伝記などにも「家が貧しく苦学した」といった類の記述は珍しくないが、出世前の苦労話は誇張されることも多く客観的にみなければならない。

このように、士族の「没落」は実態よりイメージのほうが先行しているように思われるが、歴史学による士族の研究は遅れている。昭和初期には秩禄処分や士族授産など特権解体の研究がある程度行われていたが、戦後歴史学は根本的に士族への関心が低い。これは、武士の解体が階級闘争を欠いていたうえ、旧支配層の士族は民衆と対立的な存在と位置づけられ、研究の意義が薄いとみなされたためである。

これに対し、別の視角から士族をとらえたのが安田三郎氏など社会学者たちだった。彼らはエリート形成と社会移動の観点から近代日本の社会を分析し、士族が明治期の枢要な地位において高い割合を占めていたことを統計的に示し、「没落」の視点から士族の研究意義を低く評価する歴史学の傾向に一石を投じた（『社会移動の研究』）。また園田英弘氏は、支配体制の崩壊と支配身分の解体が同一視されてきたことを批判し、日本では両者があまりに順調に進行したため不可分に考えられがちだが、西欧の身分制解体はなし崩し的だったと指摘する。そして、幕末の対外危機と武への回帰↓武職の遂行能力の徹底追求↓身分と職の分離という道筋を示し、武士は反身分的イデオロギーではなく目的合理的観点から解体されたと論じた。変革の成果である「四民平等」についても、国家への貢献機能の平等化であり、社会生活全般の平等化ではなかったとする。また、明治前期は属性観念と能力主義が相互浸透した「社会の空白期」で、少なからざる士族がプロフェッショナルとして新時代に適応し、約三割以上の士族の家庭が武士の「職」から発展した職業によって安定した生活を維持することができ、士族は「郡県の武士」と「没落士族」に分化したと述べている（『西洋化の構造』）。士族を自由職業人の母体とみる井上毅の視点は誤っていなかったが、そうした階層の形成が積極的な保護を要したかは別問題であろう。教育など既存のメリットを抱えていたとはいえ、基本的には自助努力によって彼らはステイタスを維持あるいは上昇させたといえる。

こうした歴史社会学の立場から、士族の階層構造や教育受容、婚姻などを多角的に検討した総合研究によれば、政治・経済に比べて士族の意識や日常の慣習行動のレベルでの変化は緩慢だったとする。そして、職業選択は高禄の者ほど官吏や教師といった庶業か、そうでなければ無職に偏り、帰農商を忌避しているが、これは武士的な名誉意識にもとづく職業観から脱却できなかったためとされる。高額の金禄公債証書を手にして経済的ストックが高い上級武士層は相対的に裕福で、その子弟も教育機会に恵まれた。なお、中央官吏などエリート層における士族と平民の構成は、政治志向の高まりや教育の普及によって平民が多数を占めるようになったとされてきたが、士族が全人口のわずか五パーセントにすぎなかったことを勘案し、それぞれの族籍内におけるエリートの比率を計算した輩出率でみると、士族の有利はむしろ拡大している。つまり、教育への志向が強かった士族は、ポスト増によってチャンスを広げた。これは、能力証明となる知識水準が漢学の素養など武士的な教養に見合っていたためで、士族の間でも高度な教育を受容しやすかった上士が、最も有利な立場にあった。結局、明治期を通じて日本の社会は階層間や身分間の大規模な逆転劇はなかった。しかし、属性から能力という質的変化は存在し、いわばメンバーは同じでもルールはまったく別という構造が階級間の葛藤を和らげる要素となったとしている（園田英弘・濱名篤・廣田照幸編『士族の歴史社会学的研究』）。

三割以上の士族が維新による社会変動を経ても中等以上の生活を維持し、藩の時代とは別のかたちで上士が影響力を保持し続けたこととなるが、これは平均値といえる。個別の例を拾いだせば、「朝敵」として処分され家禄が平準化された東北諸藩や、下級武士の影響力が強い西南の雄藩、あるいは物価が高く人口流出の激しい大都市近郊の藩でもこうした結果が出るのかは不明である。また、維新直後の藩制改革は相当な幅があり、勝敗はともかく政局や戦争に積極的に参入した藩と、日和見に終始した藩では「天下国家」に対する士族の意識が異なるといえよう。

なお、明治にあって武士的な道徳観や品行を保とうとしたのは、かつての職分に近い官途を選んだ士族だけではない。あえて天皇の官吏とならず、率先して農業や商業を選んだ士族も、武士的な名誉意識を保持し続けた者が多い。彼らは営利と整合せずに失敗を重ねたが、たとえ成功者が少なかったとしても、「士魂商才」というべき公共性を重んじる経営哲学の形成に大きく関与したといえよう。一方、名誉意識にこだわって帰農商を拒み、無職を選んだ士族は次第に零落していった。こうした「没落士族」を怠惰と責めるのは簡単だが、なかには強力な主張を持つ者もいた。一つは政治運動を行う者である。士族のどのような層が最も政治運動とかかわりを持ったのかについてはデータが乏しいが、たとえば明治一六年における岐阜県大垣町在住の自由党員は二一名で、うち一七名が士族だった。そのうち前田正名関係文書所収の士族生計表に記載がある一二名の生活状況は次の通りである。

生活　上等0　中等3　下等5　無等4

階層　上士1　中下士4　卒7

職業　工業3　無職9

一見すると卒が多いように思えるが、上士はもともと少数だった。それにしても、彼らの七五パーセントは生活困難で無職ということになる。「工業」も実態は傘張りや仕立てなどで、内職の延長にすぎない。名誉意識を保った窮迫士族が最も政治活動に熱心だったといえよう。官界にも実業界にも立志の基礎を得られない士族たちは、士族反乱の鎮定後も自らの役割を求めて彷徨していたが、政府は地租の納税額によって被選挙権を抑制し、政界から閉め出している。しかし、彼らは壮士や大陸浪人など行動的な民間運動の中核を形成していった。

このように権力に抗う生き方に対し、あえて時流に背を向け、貧窮のなかにも矜持を高くして武士の誇りを守り続ける者もいた。長岡藩家老の娘として生まれた杉本鉞《えつ》子《こ》は、アメリカで少女時代からの身辺の出来事を記した『武士の娘』を著しているが、その中に戸田という士族のことが記されている。長岡藩は家老河井《かわい》継之助《つぎのすけ》の指揮で新政府軍に激烈な戦闘を挑んだ。その結果、城下は焦土と化すとともに藩の石高は大幅に削られ、旧藩士たちは苦境に立たされたが、戸田は当時としてはかなり先進的な牛乳販売業に着手して成功する。しかし、家名を恥じるという母の諫死に遭遇して廃業し、その後は社会の近代化に追われるように複数の職種を転々とした。さらに東京に出て機会をうかがうが、彼が受け入れられる場はなかった。杉本は「結局、封建時代の人であられた戸田さんには、どこにも安住の地とてはなかったわけでございます」と述べている。彼女は東京の女学校に通学したおり、元気に笑みを湛えながら囲碁指南や門番を務める戸田の姿を二度、偶然に遠くから見かけたというが、そのおりの感慨を次のように記している。

この方は、過去の武士を代表していられた方です。今は迎えられそうもない、古い教養の外には、この新しい世代に、何の捧げるものをも持ちあわせていない故に、不運をも静かに受けて、うらぶれの身を生きぬかれたのでございます。こういう人々もまた、皆、英雄ではございますまいか。

ここに現れる「戸田さん」は特定の個人ではなく、複数の長岡士族の姿を組み合わせて創作した架空の人という説もある。しかし、明治にはこうした老人がいたるところに存在した。武士のまま生きぬこうとした彼らは、経済的には貧しくとも、精神面では敗北者ではない。「没落士族」という言葉は、敗者に心を寄せる日本人の心情に触れるが、ある種の敬意がそこに含まれるのは、「文明開化」を謳歌するなかで多くの人が放擲したり見失った風格が、彼らの間に備わっていたからであろう。

早期達成の背景

武士身分の最終的解体である秩禄処分は、明治維新からほぼ一〇年で完了した。支配身分の特権を、さほど暴力的手段を用いずに完全に解体した例は世界史的にもまれである。生計の基礎を奪われることに華士族たちが抵抗を示さなかった背景は何だったのだろうか。

まず、家禄に対する既得権の主張が困難だったことがあげられる。江戸時代の武士は土地所有から切断され、領有権を土地所有権に転化することはほとんど不可能であった。また、武士の権利そのものが藩国家への義務の見返りにすぎない。したがって、廃藩とともに一切の権利は喪失したのである。

これに加え、華士族たちは家禄を廃止しなければならないことを理解していた。まず、三〇〇〇万人中の一五〇万人と、人口の五パーセントにすぎない華士族が、常職廃止後もあいかわらず財政の三分の一を消費している状況に対しては、当然ながら世論から「尸位素餐」や「無為徒食」とする厳しい糾弾があった。こうした空気の中で、家禄の現状維持を主張することは非常に分が悪い。また、大部分の士族の前身である武士たちは、多くは官僚化して行政に携わっていたが、主人に奉仕し農工商三民を保護すべき「士」の立場として公論は最も尊重された。そして、泰平の世で弛緩していたとはいえ武士の本分はあくまでも戦士だった。俸禄の根拠である軍事的義務の実行能力は、対外的な危機意識の高揚とともに強く問われ、国事のための自己犠牲を当然とさせる。彼らの願望は、強力な国家を創出し、弱肉強食の国際情勢において日本が欧米列強国と対峙していくことだった。そして、政府側も常に「富国強兵」という目的を示し、士族に本分と名誉を自覚して努力するように求めている。

このように、国家目標と政策目的の明示が存在し、しかも処分の対象となるのは私的な利害よりも公益を重視する集団であった。つまり、明確な根拠を持つ説得と、それに対する納得があったため改革はスムーズに進んだ。説得と納得のどちらかが欠ければ、処分された側に強い抵抗感や疎外感が生じる。しかし、幕末維新は最も政治家に決断力とリーダーシップが要求された時期であり、なおかつ天下国家への「志」が存在した時代だった。秩禄処分は確かに士族の生活に打撃を与えた。それでもなお、少なくない人々がある程度の生活水準を維持できたのは、士族の知的・経済的なストックに加え、秩禄処分が支配層の能力主義的再編と自助努力への意識改革を促したためである。

貴族化された華族に対して士族にはまったく特権が存在せず、その族称はただの出自の証にすぎなかった。廃止論も絶えないなかで敗戦後の昭和二二年（一九四七）まで存続したのは、単なる惰性というべきだろう。しかしながら、明治政府は士族から奪うべきものは処分しつつ、保護すべきと思われる部分については温存に努めた。武士の常職廃止により、国家義務への奉仕は国民全体が負うべきものとなる。そうしたなかで、政府は模範的集団として士族を位置づけようとし、廉恥を破る者を除族した。ところで、もともと民衆の多くが全体的な政治の世界に対して「客分」意識を持つ一方、士分志向は上層の農商など武士身分外にも存在していた。国民意識が日本の社会に定着し、社会から士族の影が薄くなったとされる明治末期から「武士道」論が唱えられだしたのは、依然として倫理や品行の基準が武士に置かれたことを示している。教育受容や「家名」の尊重など武家風の生活習慣は平民の間にも浸透し、日本のミドルクラスは出自にかかわらず武士的な人々を軸に形成された。このことは、国家建設への積極性や職責への忠実性など多くの面で近代化の梃子《てこ》となる。ただし、本来的に戦《いくさ》嫌いだった民衆をアジアへの拡張主義や戦争肯定に導くという裏面も持っていた。

あとがき

武士という身分はどのようにして消滅したのか？　このことは、私が日本史を学び始めた当初からの疑問だった。洋の東西を問わず、身分的特権の解消は近代を迎える歴史上の大きな画期である。また、こうした改革を実施した指導者や社会変動に遭遇した人々の姿も興味深い。しかしながら、士族に関する歴史学の研究は蓄積が意外にも薄く、武士という身分がどのように消滅したかという、かなり基本に属するような質問に対し、十分に納得のいく回答が与えられているわけではない。このことは、私が日本近代史の研究を志す一つのきっかけとなった。そして、本書はこれまでの自らの研究への問いかけを試みたものである。

中公新書からは、恩師・先輩の著作をはじめ実に多くのことを学んできたが、執筆をお勧めいただいた際には、自らの未熟さを知るゆえにいささか躊躇した。しかしながら、先ほど述べたような疑問を他の人々が抱いているならば、秩禄処分をテーマとする概説書を提供することも私の責務ではないかと感じ、拙い筆を執ることとした。

本書を通じてさらなる探究をめざす方が現れるならば、これに勝る幸せはない。

執筆にあたっては、参考文献に掲げた多くの先学に負うところが大きかった。出典を詳細に明記できなかった非礼をお詫びするとともに、改めて謝意を申し上げたい。また、仲介の労を取ってくださった京都大学人文科学研究所の山室信一教授、貴重な御教示と最良の研究環境を常々頂戴している佐々木克先生、刺激的な討議の場である共同研究〈明治維新期の情報と社会〉の班員の方々、有益な情報をお寄せいただいたＮＨＫの宮本康宏氏、そして繁務のなかで根気よく懇切な助言や激励を賜った中央公論新社の早川幸彦氏に、厚く御礼を申し上げたい。

一九九九年中秋

落合弘樹

学術文庫版あとがき

本書は一九九九年に中公新書の一冊として出版された『秩禄処分――明治維新と武士のリストラ』を、副題を改めて再版したものである。当初の副題は、秩禄処分という明治維新のもたらした大改革を、組織の抜本的再構築という「リストラ」の本来の意味につなぎ合わせることを意図していたが、今日における「リストラ」のイメージは、経営側の都合による人員整理といったものに定着しており、組織の抜本的な体質改善などはあまり意識されていない。したがって、秩禄処分の意味を補足するのに「リストラ」という言葉を用いるのは適切でないと判断した。なお、本書「まえがき」の、「秩禄処分を現在にたとえるならば、公務員をいったん全員解雇して退職金も国債での支給とし、そのうえで必要最小限の人員で公職を再編するというような措置である」(四頁)という部分を援用したのか、公務員の総数および人件費を圧縮する「平成の秩禄処分」を断行せよという議論も散見される。公務員の人件費が歳出の三割に近いという実情は、明治初年に類似しているように映るが、多くが無職化していた士族と、様々な実務に就いている公務員を同一視することはできない。

本書は、私にとって最初の著書であり、編集者から「逃げの議論ではなく思い切って書いて欲しい」とハッパをかけられた。昭和戦前期で止まったままの研究史に新しい視点を加えようと努めたが、当時助手として勤務していた京都大学人文科学研究所の先輩から「生意気な文章だ」と酷評され、落胆した。当時、私は三七歳だったが、五三歳となったいま読み返すと、この先輩の気持ちもある程度は理解できる。若気の至りといった記述も多々あり気恥ずかしい。しかし、論旨については一五年以上たった現在においても修正すべき点はないので、誤植および文意の通りにくい箇所の訂正のみにとどめた。

刊行された際、書評にとりあげられることはなく、学界での反応もほとんどなかった。ただ、三谷博さんからは、「明治維新という革命が、きわめて低いリスクで達成された背景がよくわかった」との高い評価をいただき、その後の研究の励みになった。本書刊行後、明治政府が旧藩士族をどのように位置づけ、いかなる対処をしたのかという点について、秩禄処分・不平士族・士族授産を通じて検討を加えた『明治国家と士族』（吉川弘文館、二〇〇一年）を学術書として刊行し、さらに『西郷隆盛と士族』（吉川弘文館、二〇〇五年）と『西南戦争と西郷隆盛』（吉川弘文館、二〇一三年）で、不平士族や士族反乱について触れている。明治期の士族を理解するためには、これらの拙著も参照していただきたい。

秩禄処分に関する研究はあまり進んでいないが、地方士族の実態に触れた研究例として、堀野周平氏の「家禄奉還制度の展開——千葉県を事例に」（近代租税史研究会編『近代租税史論集2　近代日本の租税と行財政』有志舎、二〇一四年）があげられる。堀野氏は、徳川宗家の駿河・遠江移転にともなって房総半島に移封された鶴舞藩（旧浜松藩）など七藩の対応を軸に、家禄奉還がどのように施行され、いかなる影響を及ぼしたのかを検討しているが、こうした個別事例の蓄積により、実態がさらに明らかにされることを期待したい。なお、士族の生活が実際にはどのようなものだったのか、あるいは地域社会における士族の政治・経済・教育などでの役割、さらに旧藩意識や旧藩主家との結合については、今後の課題である。

補足として、家禄と引き換えに交付された公債の処理について触れておきたい。旧大蔵省の集計によると、金禄公債の証券発行総額は一億七三八四万四五九五円にのぼる。明治一〇年と一一年における利子支払額は一二八三万円だが、廃藩置県直後の家禄賞典禄支給高二二六六万円にくらべると、財政上の負担は五六・七パーセントに圧縮されている。金禄公債は据置期間を経て明治一五年度から二五年間で償還されることなったが、松方財政による紙幣整理が進んだ結果、明治一九年（一八八六）には市場の金利が低落しており、維新以来の高利公債の償還を加速化させるため、整理公債条例が公布された。この結果、金禄公債の未償還額一億七五〇〇万円は年利五分、一二年間での償還に借り換えるかたちで整理されることとなり、大部分を占める七分利付公債は明治二四年度をもって償還を完了した。残余の公債も予定通り明治三九年度までに償還されている。

本書では、全国の士族が能動的に改革に順応しようと努め、また私事より国事を優先したことを強調したが、時代の趨勢に乗らざるをえないという諦観もあったといえよう。ただし、政策は受け入れても、そこに不公平があった場合は強い抵抗が生じた。金禄公債証書の交付額の錯誤に対しては強い不満が生じ、帝国議会にも士族から数多くの請願が寄せられ、明治三〇年に交付された家禄賞典禄処分法で解決が図られたことは本書二〇六頁で指摘した通りである。行政裁判で旧藩士が勝訴して不足分の交付が認められた事例は非常に少ないが、そのなかに戊辰戦争の敗者である旧会津藩士が含まれる。会津若松市の阿弥陀寺は、会津藩戦死者の遺体が埋葬され、鶴ヶ城唯一の遺構である御三階が移築されていることで知られるが、境内の一角には昭和四年（一九二九）に建立された「復禄記念碑」が存在する。碑文によると、長年にわたる訴訟の結果支給された不足額は、裁判費用を差し引くとわずかしか残らず、大部分が記念碑の建立にあてられたというが、今年になり、会津幕末史研究会の簗田直幸会長らの調査を通じ、彼らの裁判資料が地元に残されていることが明らかにされた。こうした史料の検討を通じ、秩禄処分の実態や士族たちの名誉意識がより具体化されることを期待したい。

最後になるが、本書の再版を通じ、秩禄処分の歴史的意義に対する理解が広まるならば幸いである。

二〇一五年一〇月

落合弘樹

参考文献

史料

早稲田大学所蔵「大隈文書」
宮内庁書陵部所蔵「木戸家文書」
国立国会図書館憲政資料室所蔵「三条家文書」
日本史籍協会叢書
『岩倉具視関係文書』全八巻　日本史籍協会　一九六八―六九年
『大久保利通文書』全一〇巻　日本史籍協会　一九六七―六九年
『木戸孝允文書』全八巻　東京大学出版会復刻　一九七一年
『木戸孝允日記』二・三巻　日本史籍協会　一九六七年
鹿児島県歴史資料センター黎明館編
『鹿児島県史料　大久保利通史料一』　鹿児島県維新史料編さん所編　一九八八年
『鹿児島県史料　忠義公史料』四―七　鹿児島県維新史料編さん所編　一九七七―八〇年
東京大学史料編纂所編
『保古飛呂比　佐佐木高行日記』五　東京大学出版会　一九七四年
『江木鰐水日記』下　岩波書店　一九五六年
井上毅伝記編纂委員会『井上毅伝　史料篇第二』国学院大学図書館　一九六六年
吉田清成関係文書研究会編『吉田清成関係文書』一　思文閣出版　一九九三年
『大隈文書』三　早稲田大学社会科学研究所　一九六〇年
『中御門家文書』下　早稲田大学社会科学研究所　一九六五年

『関義臣文書・地租改正方法草案』 国税庁税務大学校租税資料室　一九九三年
大内兵衛・土屋喬雄編『明治前期財政経済史料集成』八・一〇　改造社　一九三三・三五年
安藤良雄・山本弘文編『興業意見他前田正名関係資料』 光生館　一九七一年
西脇康『旗本三嶋政養日記』 三嶋氏四百年史刊行会　一九八七年
学海日録研究会編『学海日録』三　岩波書店　一九九一年
『荻生徂徠全集』六　河出書房新社　一九七三年
日本思想大系
　『荻生徂徠』 岩波書店　一九七三年
　『山鹿素行』 岩波書店　一九七〇年
　『吉田松陰』 岩波書店　一九七八年
日本近代思想大系
　『天皇と華族』 岩波書店　一九八八年
荒木精之編『神風連烈士遺文集』 第一出版協会　一九四四年
牧原憲夫ほか編『明治建白書集成』二―四　筑摩書房　一九八六―九〇年

研究文献

深谷博治『新訂・華士族秩禄処分の研究』 吉川弘文館　一九七三年
吉川秀造『全訂改版・士族授産の研究』 有斐閣　一九四二年
千田稔『維新政権の秩禄処分』 開明書院　一九七九年
同　「明治六年七分利付外債の募集過程」『社会経済史学』四九―五　一九八四年
丹羽邦男『明治維新の土地変革』 御茶の水書房　一九六二年

藤野保『新訂幕藩体制史の研究』 吉川弘文館 一九七五年
藤井譲治編『日本の近世3 支配のしくみ』 中央公論社 一九九一年
朝尾直弘編『日本の近世7 身分と格式』 中央公論社 一九九二年
笠谷和比古『近世武家社会の政治構造』 吉川弘文館 一九九三年
J・F・モリスほか編『近世社会と知行制』 思文閣出版 一九九九年
野口武彦『江戸の兵学思想』 中公文庫 一九九九年
三谷博『明治維新とナショナリズム』 山川出版社 一九九七年
園田英弘『西洋化の構造』 思文閣出版 一九九三年
園田英弘ほか『士族の歴史社会学的研究』 名古屋大学出版会 一九九五年
尾藤正英『江戸時代とはなにか』 岩波書店 一九九二年
相良亨『武士の倫理・近世から近代へ 相良亨著作集3』 ぺりかん社 一九九三年
石井紫郎『日本人の国家生活』 東京大学出版会 一九八六年
木村礎『下級武士論』 塙書房 一九六七年
新見吉治『改訂増補・下級士族の研究』 日本学術振興会 一九六五年
植松忠博『士農工商』 同文舘出版 一九九七年
久保田正志「兵農分離に関する一考察」『軍事史学』三四—二 一九九八年
柴田宵曲『幕末の武家』 青蛙房 一九六五年
加藤祐三『黒船前後の世界』 岩波書店 一九八五年
鈴木真哉『鉄砲と日本人』 洋泉社 一九九七年
五十嵐暁郎『明治維新の思想』 世織書房 一九九六年
中村哲『明治維新』 集英社版日本の歴史⑯ 一九九二年

落合保『岸和田藩志』東洋書院　一九七七年
東山道彦『苗木藩終末記』三野新聞社　一九八〇年
松尾正人『廃藩置県』中公新書　一九八六年
同『維新政権』吉川弘文館　一九九五年
広瀬宰平『半世物語』住友修史室復刻　一九八二年
坂本多加雄『日本の近代2　明治国家の建設』中央公論社　一九九九年
芳即正『日本を変えた薩摩人』春苑堂出版　一九九五年
立脇和夫『明治政府と英国東洋銀行』中公新書　一九九二年
鈴木栄樹「岩倉使節団編成過程への新たな視点」『人文学報』七八　一九九六年
高橋秀直「廃藩置県における権力と社会」山本四郎編『日本近代国家の形成と展開』吉川弘文館　一九九六年
同「廃藩政府論」『日本史研究』三五六　一九九二年
山田千秋『日本軍制の起源とドイツ』原書房　一九九六年
加藤陽子『徴兵制と近代日本』吉川弘文館　一九九六年
関口栄一「七分利付外国公債募集計画をめぐって」『法学』五九―三　一九九五年
水谷三公『江戸は夢か』筑摩書房　一九九二年
坂根義久校注『青木周蔵自伝』平凡社東洋文庫　一九七〇年
鳥尾小弥太『得庵全書』鳥尾光　一九一一年
落合弘樹「留守政府期の秩禄処分と井上馨」伊藤隆編『日本近代史の再構築』山川出版社　一九九三年
同「大久保政権と士族」藤野保編『近世国家の成立・展開と近代』雄山閣　一九九八年

同　「ある古河藩士の幕末・明治」『茨城県史研究』七四　一九九五年
木村直也「幕末期の朝鮮進出論とその政策化」『歴史学研究』六七九　一九九五年
坂野潤治『近代日本の国家構想』岩波書店　一九九六年
佐々木克『大久保利通と明治維新』吉川弘文館　一九九八年
牧原憲夫『明治七年の大論争』日本経済評論社　一九九〇年
同　『客分と国民のあいだ』吉川弘文館　一九九八年
佐々木隆『伊藤博文の情報戦略』中公新書　一九九九年
石井寛治『日本経済史［第二版］』東京大学出版会　一九九一年
井ヶ田良治・原田久美子編『京都府の百年』山川出版社　一九九三年
大久保利謙『華族制の創出　大久保利謙歴史著作集3』吉川弘文館　一九九三年
遠山茂樹「征韓論・自由民権論・封建論」『遠山茂樹著作集』第三巻　岩波書店　一九九一年
安田三郎『社会移動の研究』東京大学出版会　一九七一年
渋沢栄一述『雨夜譚』岩波文庫　一九八四年
後藤靖『士族反乱の研究』青木書店　一九六七年
井上馨侯伝記編纂会編『世外井上公伝』第二巻　内外書籍　一九三三年
沢田章編『世外侯事歴維新財政談』原書房復刻　一九七八年
多田好問編『岩倉公実記』中巻　原書房復刻　一九六八年
ヒューブナー『オーストリア外交官の明治維新』新人物往来社　一九八八年
グリフィス『明治日本体験記』平凡社東洋文庫　一九八四年
杉本鉞子『武士の娘』ちくま文庫　一九九四年

自治体史

『高知県史　近世編』　高知県　一九六八年
『彦根市史　下冊』　彦根市　一九六四年
『静岡県史　資料編近現代一』　静岡県　一九八九年
『広島県史　近代現代資料編Ⅰ』　広島県　一九七三年
『福知山市史　第四巻』　福知山市　一九九二年

KODANSHA

本書の原本『秩禄処分——明治維新と武士のリストラ』は、一九九九年に中央公論新社より刊行されました。

落合弘樹（おちあい　ひろき）

1962年大阪府生まれ。中央大学文学部卒。京都大学人文科学研究所助手などを経て，現在，明治大学文学部教授。博士（文学）。主な著書に『明治国家と士族』『西郷隆盛と士族』『敗者の日本史18　西南戦争と西郷隆盛』など。

講談社学術文庫

定価はカバーに表示してあります。

秩禄処分《ちつろくしよぶん》　明治《めいじ》維新《いしん》と武家《ぶけ》の解体《かいたい》

落合弘樹《おちあいひろき》

2015年12月10日　第1刷発行
2025年1月16日　第4刷発行

発行者　篠木和久
発行所　株式会社講談社
東京都文京区音羽2-12-21 〒112-8001
電話　編集（03）5395-3512
販売（03）5395-5817
業務（03）5395-3615

装　幀　蟹江征治
印　刷　株式会社広済堂ネクスト
製　本　株式会社国宝社
本文データ制作　講談社デジタル製作

ISBN978-4-06-292341-5

「講談社学術文庫」の刊行に当たって

これは、学術をポケットに入れることをモットーとして生まれた文庫である。学術は少年の心を養い、成年の心を満たす。その学術がポケットにはいる形で、万人のものになることは、生涯教育をうたう現代の理想である。

こうした考え方は、学術を巨大な城のように見る世間の常識に反するかもしれない。また、一部の人たちからは、学術の権威をおとすものと非難されるかもしれない。しかし、それはいずれも学術の新しい在り方を解しないものといわざるをえない。

学術は、まず魔術への挑戦から始まった。やがて、いわゆる常識をつぎつぎに改めていった。学術の権威は、幾百年、幾千年にわたる、苦しい戦いの成果である。こうしてきずきあげられた城が、一見して近づきがたいものにうつるのは、そのためである。しかし、学術の権威を、その形の上だけで判断してはならない。その生成のあとをかえりみれば、その根は常に人々の生活の中にあった。学術が大きな力たりうるのはそのためであって、生活をはなれた学術は、どこにもない。

開かれた社会といわれる現代にとって、これはまったく自明である。生活と学術との間に、もし距離があるとすれば、何をおいてもこれを埋めねばならない。もしこの距離が形の上の迷信からきているとすれば、その迷信をうち破らねばならぬ。

学術文庫は、内外の迷信を打破し、学術のために新しい天地をひらく意図をもって生まれた。文庫という小さい形と、学術という壮大な城とが、完全に両立するためには、なおいくらかの時を必要とするであろう。しかし、学術をポケットにした社会が、人間の生活にとってより豊かな社会であることは、たしかである。そうした社会の実現のために、文庫の世界に新しいジャンルを加えることができれば幸いである。

一九七六年六月

野間省一